邁可・桑德爾
Michael J. Sandel 著
吳四明、姬健梅 譯

The Moral Limits of Markets

What Money Can't Buy

錢買不到的東西

金錢與正義的攻防

【暢銷十萬冊典藏版】

推薦序

經濟需要重建它的哲學基礎！

南方朔

哈佛著名學者邁可．桑德爾繼《正義》這本力作後，又出了《錢買不到的東西：金錢與正義的攻防》。這書出版後，不但在美國引發廣泛討論，也在全世界造成巨大迴響。它是金融海嘯後，美國學術界對「經濟學哪裡錯了」這個議題，迄至目前所有作品裡反省最深刻的一部，不但專業的經濟學界值得注意，就是關心公共事務的一般讀者也應詳讀。

金融海嘯後，人們對經濟學的反省日增，並對當今主流經濟學給了「自閉經濟學」（Autistic Economics）的稱號，原因乃是人們已察覺到，當代主流經濟學雖然將其主張隱藏在所謂價值中立的市場之下，但它其實是一種最強大的意識形態。經濟學自閉在市場的迷思裡，於是錯誤頻頻，並積小而成大，金融海嘯其實並不只是少數政府官僚及華爾街肥貓惹的禍，而是整個主流經濟學在自閉裡惹的禍。

對理解當今主流經濟學的人都知道，經濟學以前被視為一種綜合性的社會科學，但自一九八〇年代後，市場效用論抬頭，它認為偏好的選擇所形成的市場最為重要，這種市場理性具有非意識形態、合理及效率等特性。我們不能否認，這種市場理性對純粹的商品服務的確有效，但這種效用主義的市場論在壯大後，它的那隻手到處亂抓，遂出現市場學家抓家庭問題、社會問題，甚至政治問題及國際問題的學術亂象。

將一切問題視為市場問題，它其實已不明言地視這些問題都是可自由買賣的問題，也等於是說這種思考方式已肯定了金錢的價值優越性。這也等於不明言地確定了「有錢就無論什麼都可以買」的邏輯。但這種貌似價值中立的思想方式正確嗎？桑德爾的這本力作，就是以非常清晰的條理，一步步解開了這個經濟思想之謎。

在這本重要的著作裡，桑德爾教授一開始就從付錢找人排隊，以及付錢可以優先插隊說起。一個人潮擁擠、大家排隊買賣的地方，一條交通堵塞、車子大排長龍的公路，當人們把這種擁擠視為一種經濟現象，有錢的人付一點錢找人去幫他排隊或付一點錢去購買排隊權，這種用錢購買一點小特權，許多人都認為只是小問題，沒什麼大不了。問題是，這種擁擠可以視為一種市場現象嗎？可以用金錢來解決嗎？從這種最小的用一點錢買個小特權開始，桑德爾教授即展開了他的大論述。

他指出，把一切都視為市場、都用金錢來解決的思考方式，其實已淹沒了整個世界。人們坐牢，多付一點錢即可住進待遇較好的牢房；西方有些富裕的夫婦要找代理孕母，於是根據市場法則，印度遂出現代理孕母的行業；近代為了地球環境的保護而出現碳權的概念，有錢的公司及國家即可購買別的落後國家之碳權，這等於是有錢即可買到汙染的大特權。這種有錢即可無所不買的現象，近年來一直在擴大之中。有錢可以買到獵殺珍稀動物之權；有錢可以買到入學權；有些公司幫員工投保壽險而受益人是公司，這意謂了可以買別人的生命權。前幾年主流經濟學家還在鼓吹毒品應該市場化，因為毒品非法化就會造成毒品的黑道化及犯罪盛行，市場化即可防制黑道的擴大。

因此，市場化一步步加深，市場理性已日益走到了非理性的反面層次。最後是市場的非理性日益加深，市場更向金錢傾斜，最後造成了市場的內爆。只是這個問題最大的部分不在他這本書的討論範圍之內。本書集中在市場經濟造成了市場社會這個中層的層次，不涉及總體的宏觀層次。

本書已清楚地指出，當代經濟學已走向了反道德、反正義的偏差路徑。本書最有趣的乃是桑德爾在申論部分，已提到近代經濟學的許多怪異話題。例如近代經濟學家辯稱，人們的送禮是一種不合經濟效益的行為，因此最好不要送禮，乾脆直接送錢。主流經濟學家完全無視送禮行為有許多感性因素，他們以用錢來代替送禮，已顯示他們在思想上的偏差。再例如近代市場經濟學還自認為血液是個市場，因而他們主張血液的自由買賣，反對捐血的義行。但實施的結果，乃是美國血庫的血液品質最差，血荒最為嚴重，反而是鼓勵及贊助捐血的英國，血液品質最佳，血荒也不嚴重。由這些怪異案例，可見用市場角度看問題，偏差是多麼的嚴重。因此桑德爾教授遂指出，經濟學應重新恢復對市場及公平正義等問題的討論。人們一定要知道，市場論有其限制，並非什麼都可以用買的。

因此，由這本《錢買不到的東西》，我就想到十九世紀末、二十世紀初偉大的德國思想家齊美爾（Georg Simmel）所寫的那本怪異鉅著《金錢的哲學》（*The Philosophy of Money*）。該書是近代哲學家討論金錢問題的第一本大著作，它指出金錢最先只是商品交換關係的一種媒介，但到後來它日益壯大，媒介反而成了主體，成了主宰，最後是它擴大了財富的積累，也改變了社會。無論什麼都可以買，無論什麼都可以賣，這就是所謂「金錢的異化」，金錢可以買出貪汙腐化，可以賣出種種荒淫敗德和混亂。人際關係有許多是感情、是道德，是對公平正義的嚮往，以及對更好社會的追求，這些東西是絕對不能買賣的！

（本文作者為評論家）

推薦序

我們該如何共同生活？

張鐵志

現在什麼都可以賣了：西方人到印度尋求代理孕母的服務；醫師提供手機號碼讓病人可以獲得特別照顧；碳排放的權利；身體部位出租作為廣告看板；有專業的排隊公司，為想參加美國國會聽證會的說客處理排隊業務；或者，也有人付錢請人排隊搶得欣賞紐約中央公園的免費戶外劇場活動。

這是桑德爾在本書的前言所舉的一些例子。他說，有人認為市場凱旋論的道德低落是因為過度貪婪，所以解決之道是遏止貪婪，但他主張這只是頭痛醫頭、腳痛醫腳。因為「市場以及市場導向的思考，延伸至傳統上由非市場基準所規範的領域，是我們這個時代重大的發展之一。」

的確。在二十世紀，人們是在為許多公共服務的商品化而鬥爭：醫療、教育、失業照顧等，一個國家的進步程度，是取決於這些公共服務去商品化的程度；或者說，福利國家其實就是要讓許多社會服務去商品化。

從八十年代到冷戰結束後的九十年代，市場自由主義逐漸取得了至高的榮耀與霸權。而這不只是科技力量或全球化的「客觀」後果，而是國際組織如IMF、世界銀行，與資本家加上保守派倡議者的共同塑造，讓這場新自由主義革命到達了高峰。

直到二〇〇八年的金融危機，主流媒體才赫然發現市場失控了，開始質疑市場至上論和新自由主義，甚至有人說原來馬克思是對的。但是，在實際生活中，人們依然相信市場是決定我們生活的最終判准。

所以，一切都可以賣有什麼不好？

桑德爾指出，商品化的問題在於：一、不平等，二、腐化（corruption）。

就不平等來說，當錢可以買的東西更多（也就是當更多事物被商品化），當富裕的優勢不只是購買奢侈品，而是可以購買政治影響力、醫療、教育、居住，那麼財富分配就變得非常關鍵，因為這會影響到一個人在社會上生活的基本權利和生活尊嚴。

其次，把生命中各種美好的事物標上價格，有可能導致其腐化或墮落。試想友情可以買賣嗎？榮譽可以買賣嗎？

人們當然知道不是什麼東西都能賣。我們不會容許兒童被買賣；或者我們反對奴隸制度，是因為這是把人類視為可以在拍賣會中交易的商品（雖然我們卻可以接受勞動力作為商品）。

我們也不容許選票可以被買賣，除了這是讓政治競爭不公平，也是因為這代表公民責任的腐化。

上述是明顯的例子，但是桑德爾在本書中要討論的是更有爭議的情況，例如每年夏天紐約中央公園的莎士比亞劇場免費演出總是大排長龍（我就曾經早上六點去排隊），晚近開始有人付錢請他人幫忙排隊，但這是對的事情嗎？對市場自由主義者來說，這是自願性的交換。問題是，免費演出的意義是要讓好的演出有機會讓所有市民看到，不論富有或貧窮，是城市送給市民的一種禮物。一旦排隊倫理被商品倫理取代，就會完全破壞原始的意義，就是一種腐化。

因此，市場是有道德邊界的。什麼樣的事物可以被買賣，代表了人們認為這些東西被視為商品或是可藉以獲利，是一件正當的事。所以，事物的被商品化與否，是一個道德與政治問題，而不是一個經濟問題。

桑德爾的核心關懷是，事物的商品化會侵蝕我們所珍惜的某些價值，市場會破壞道德與共同體的價值，「掏空了公共生活中的道德辯論」——因為市場不會去問某些東西被買賣是否是道德的。但如果我們不去進行道德討論，就是讓公共論述失去道德和公民的能量，並且導致科技官僚主義的管理統治。

然而，現實是，市場已經幾乎主宰了我們的公共領域。

例如我們日常生活的公共空間。為什麼每日眼前所看到的世界——不論是在公路上、在商業大樓外、在計程車的後座，在捷運車廂的裡裡外外——都是被金錢製造的廣告所占據？為什麼資本可以決定我們每天眼前看到什麼？這無疑是一種暴力與剝奪。所以在二十世紀末，有所謂的文化干擾行動（culture jamming）①，去惡搞與顛覆那些巨大的廣告招牌，以抵抗我們日益失去的公共空間。

另一種「公共領域」是媒體。金錢可以購買新聞已經不是「新聞」，以至於新聞與廣告的界線被刻意模糊，這代表媒體與讀者之間關係的「腐化」，更表示新聞媒體作為一個有論辯意義與資訊提供功能的公共領域，作為監督企業或公權力的批判者，已經消蝕。

更大的公共領域當然就是民主政治體制。一旦金錢在民主體制扮演重要的角色，亦即如果競選廣告或競選費用是不受管制的，或者如果資本可以買到政治影響力，影響公共政策，就會侵蝕政治民主所預設的政治平等原則。

而政治不平等和經濟不平等其實是一個惡性循環。傅利曼（Milton Friedman）等極端市場自由主義者相信，經濟自由是政治自由的前提，但現實剛好相反，因為資本主義下，個人的經濟自由（意味著政府管制和介入少）意味著經濟與社會的不平等，而社會的不平等可能會轉化成政治的不平等，因為有錢者可以購買更多的政治影響，進而設定有利於他們的政治規則（如為富人減稅、反對擴大社會福利），其結果就是更進一步擴大經濟不平等。諾貝爾經濟學獎得主史迪格里茲在著作《不平等的代價》（*The Price of Inequality*）就提到：經濟不平等既是政治不平等的原因，也是結果。

在本書最後，桑德爾提到「空中包廂化」（skyboxification）的譬喻，也就是在美國有愈來愈多球場蓋起高級的空中包廂。他認為，觀看球賽是一種公民參與的集體活動，人們在其中一起緊張、一起歡呼，而在這過程中對這個社區、城市、國家產生集體情感與認同。但空中包廂的趨勢卻讓這種公民活動產生區隔化——這正是當前民主體制主要問題的最佳比喻。

桑德爾說的好，「民主並不需要完全的平等，卻需要國民能分享一種共同的生活，重要的是背景和社會地位不同的人能在日常生活中相遇、互相碰撞，因為這樣我們才能學習克服、容忍彼此的差異，才會在乎共同的利益。」但是，在這個貧富益發不均的時代，把愈來愈多的東西商品化，只是讓富裕者和收入較少的人過著愈來愈隔離的生活，彼此愈來愈不理解。想想看我們的現實世界：有錢人和一般人是住不同的區域、上不同的餐廳、搭乘不同的交通工具。我們真的成為隔離且不平等的兩個或多個社會了。

①請參考娜歐密・克萊恩的重要著作《No Logo：顛覆品牌統治的反抗運動聖經》。

簡言之，過度市場化不但破壞民主預設的政治參與的平等，也傷害了民主賴以為基礎的共同目標，乃至社會團結。

「說到最後，市場的問題其實是關於『我們想要如何共同生活』的問題。我們想要一個一切都可待價而沽的社會嗎？抑或社會上還是有某些道德性與公民性的財貨，是市場不會尊崇，而且用金錢買不到的？」或者，當所有社會關係乃至政治都被市場化，都如此不平等時，民主生活還有可能嗎？

桑德爾於今年春天在《紐約時報》發表一篇文章（這也是他下半年新書②的重點），將市場如何扭曲我們的共同生活延伸到對「英才制」（meritocracy）的反思。有能力的菁英就能得到更多的報酬（名聲、金錢、資源），這是我們習以為常的觀念，因為這是看聰明才智（這與教育相關），而不是依據誰有錢，或是誰有什麼特殊背景。

但現實上，這種菁英制度是一種虛假的幻想。首先，美國名校的學生大部分都來自菁英家庭，所以能否入學是有階級偏差的，並非所有人都擁有真正公平的機會。桑德爾更指出，就算真的是一個完美的英才制，亦即每個人往上爬的機會是平等的，但是當社會階層化愈來愈擴大，卻會嚴重破壞社會團結。更不要說，大部分成功的人會以為他們的成功是靠自己的才能和努力所得來的，而與社會結構的基礎無關，因此他們會自覺驕傲與虛榮，對階梯下的人缺乏同理心。

於是，不論現實中的英才制度是真實的或虛幻的，其結果是造成了當前全球最大的政治浪潮：民粹主義對於菁英的反彈。在美國，選民政治態度的最大分歧之一是有大學教育以上的選民和沒有受過大學教育的。是後者比較無知，所以支持川普嗎？當然沒那麼簡單。而是不分兩黨的菁英長期主導並扭曲整個政治、社會和經濟資源所造成的結果。

所以，除了不斷反思市場的道德界線，也要重新反思菁英制度的意識形態及其侷限，才能回答這個桑德爾最核心的關懷：我們該如何共同生活？

（本文修改自二〇一二年版的推薦序，
作者為全新文化媒體《VERSE》創辦人暨總編輯）

---

② 書名是《The Tyranny of Merit: What's Become of the Common Good?》。

推薦序

優秀的社會議題思辨指引之書

蔡依橙

這是少數優質學者中，非常注重「公平」與「道德」，卻也同時對經濟學的各種論點熟稔的深度論著。

對於一個有趣的社會議題，桑德爾總能清楚說明正反兩方的論點，並一一攻破，最後提出一部分他自己的看法。

整本書一個隱約的主軸，是「公平」與「價值」，他認為金錢不應該腐蝕這些，並稍微憑弔了逝去的美好。（例如：簽名球不是由商店販售，而是讓大量球迷排隊、等候球員免費親簽的年代。）但事實上，整個世界的走向，並不如他所希望的。

書好不好？好！案例精不精采？精采！對於思考深度有沒有幫助？有！尤其書中有大量過去英美社會曾出現的極端自由市場弊端，像是拿「難民一週會死多少人」來賭博，這種很敗德的低級趣味，桑德爾都能平心靜氣地帶你分析兩造觀點，非常值得閱讀。

對於個人在社會上存活，有沒有幫助？這就看你用什麼角度看了。

我會建議閱讀的過程，多鍛鍊思辨，少直接尋找結論。因為，他所強調的「公平」與「價值」，隨著時代演進，定義也是浮動的。那些顯而易見的市場經濟「缺德」的面向，在現今社會，其實都逐漸在形成道德共識。

桑德爾很適合啟發年輕人、給予思辨，也很適合在社會產生重大事件時，以「良心學者」角度給社會提醒，是很棒的社會議題思考啟發導師。本書也是一本鍛鍊思辨社會議題的好書。

（本文作者為「蔡依橙的閱讀筆記」板主）

推薦序

市場威權主義下的價值抉擇

黃之鋒

猶記得，拜讀桑德爾教授這本《錢買不到的東西》時，正值自己因為香港雨傘運動被關入獄中，在「後雨傘」的時空底下，香港社會經歷社運低谷、人人新聞冷感的時期。因此，當時閱讀起來，無不扣連自己及社會的當下境況：在高度經濟掛帥的社會中，若政策只為市場價值服務，將如何限制我們對美好生活的想像？

桑德爾在書中聚焦於討論「商品化」對於公民價值的蠶食，更重要的是他點出，公眾論述之所以日益屏除對道德信念的執著，源於一種避免黨派衝突的去政治化思維，導致市場邏輯可以「掏空了公共生活中的道德辯論」。

作為長期投身社會運動的一員，「金錢」與「正義」的對決，在香港這個金融城市，永遠是社運參與者需要面對的問題，由過去保衛天星到皇后碼頭運動、反高鐵等土地運動，本身就是挑戰過去奉行經濟至上的中環價值——土地的存在，只為服務建商及投機者的金錢利益，在高地價政策下，高昂的地租樓價限制了香港年輕一代的居住、生活、就業及生涯發展的選擇，甚至連青年上街爭取民主，都被簡化地定義為是出自「買不了樓，找不到工」的物質問題。

重商主義扼殺不了年輕一代對價值的追求，香港自雨傘運動以來，社會進入「後物質主義」，即香港年輕一代開始放棄過去金錢至上的生活模式，轉為追求平等公義等後物質價值。與此同時，價值轉移必然面對政權的反撲，政府往往濫用「金錢」與「正義」的對立以拒絕改革，二〇一四年雨傘運動到二〇一九年反送中運動，爭取民主及社會公義的呼聲，都被以「搞亂經濟」為名回絕，並且強迫社會要在兩者之間做出抉擇，要麼「發大財」，要麼民主人權。

這套「以商促政」的市場威權式管治手法，近年先後延伸到NBA、匯豐銀行、國泰等外資企業，甚至對英國、德國等國家的施壓；只談市場價值，不談價值正義，迫使各國必須對人權問題噤聲。假若桑德爾所討論的是，市場無意間造成價值異化，當權者有意識地利用經濟壓倒民意，造成社會資源只服務於經濟價值的再生產的話，這其實是另一種對於美好生活的腐化，直接抹殺了公平參與、思想自由、利他主義、慷慨、團結等公民美德及責任。

因此，為美好事物標價的，不只是市場，亦包括當權者對多元聲音的限縮。在中國威權海外擴張的陰霾下，社會的美好事情不僅是根據購買力去分配，經濟機會往往受制於個人及企業對於威權政權的政治忠誠；老牌英資銀行匯豐為了繼續在大陸營商，必須盲目支持一部會危害香港及外國人自由的《國家安全法》，就是最佳的例子。

面對威權的經濟施壓，我們現有的人權、民主、自由與既有的生活方式，又能否仍是錢買不到的東西呢？

（本文作者為前香港眾志祕書長）

推薦序

市場的腐化正出賣下一代的夢想嗎？

蔡淇華

「老師，市場的數據告訴我，我的夢想可能只是空想。」

學生L在二〇二〇年國中教育會考的國文科寫作測驗，「我想開設一家這樣的店」考題中，拿到了滿級分。在文中她寫道：「我要開一家只賣有機咖啡的咖啡店，我只用有機栽培的農產品，因為我希望台灣的國土不再被農藥汙染。」但考完後，她給我看一則新聞：根據經濟部的最新統計，一般民眾開咖啡廳，一年內就倒閉的機率高達九〇％，存活下來的一〇％中，又有九〇％會在五年內倒閉，也就是說，能撐過前五年的創業家，只有一％。

L說，這世上的一切，都被財團用金錢買走了，就像她家附近唯一的個人咖啡店也倒了，因為有錢人不斷調漲房租，現在社區裡只剩下連鎖咖啡店。連她小時候常去的文具店，也先被連鎖書店所取代，最近連鎖書店又被財團的網路書店給取代。

L認為市場經濟正在扼殺下一代的夢想，這也是《正義：一場思辨之旅》的作者，哈佛大學政治哲學教授邁可・桑德爾在《錢買不到的東西》中最深沉的思考。

在器官可以買賣，核廢料貯存地可以用金錢交換，碩博士論文可以花錢代寫，候選人的網路聲量也能用金錢購買的年代裡，市場經濟真的在把我們帶往一個更美好的年代嗎？抑或是我們正集體出賣最珍貴的人性與公平正義？

在書末，桑德爾帶著世人叩問：在這個貧富益發不均的時代中，把所有的東西都市場化，意味著富裕之人與收入不豐之人漸漸過著隔離開來的生活……市場的問題其實是關於「我們想要如何共同生活」的問題。我們想要一個一切都待價而沽的社會嗎？

《錢買不到的東西》是一堂「市場正義思辨之旅」，這樣的思辨教材，非常適合以思辨為核心的一〇八課綱，非常推薦國人重讀這本曾在台暢銷十萬冊的經典之作！

（本文作者為作家、台中惠文高中圖書館主任）

各界聯合推薦

●市場機制已然無所不在，很多事物及價值都被商品化；媒體出賣原有的專業與倫理，以換取收視的廣告收益，公共政策隨著媒體搖擺，每個角落似乎都在媚俗化，讓正義與市場機制的界線變得如此模糊。這正是本書所提醒，什麼是錢都無法交換的價值。誠心推薦。

——賴芳玉（律師）

●某大樓的出租看板曾打著「只要出錢，鹿可以說是馬」的廣告。在經濟霸權主導下，台灣正充斥著「有錢，說什麼都對」的主流價值。從金錢與正義的攻防思辨中，台灣社會應該停下腳步思考，我們想要什麼樣的未來？

——孫友聯（台灣勞工陣線祕書長）

●哪些是「錢買不到的東西」？面對當前日益盛行的「商品化」台灣社會，道德與正義不斷受到市場與金錢的侵蝕，此書的思辨的確令人深省！「居住正義」只是選舉口號，可以被出賣？還是台灣社會全體的價值觀？居住應有「市場」價值，但也還有「道德」價值，透過此書，何嘗不是我們該面對思考此居住議題！讀完此書，強烈感受到「市場」與「道德」都應受到尊重，兩者也均有其極限，這本書讓我重新思考這兩者並存的價值！值得推薦的一本好書！

——張金鶚（政大地政系兼任教授）

●管理社會及公民生活的價值是什麼？作者邁可．桑德爾教授在書中提到，當一切皆可待價而沽時，我們要徹底思考這個問題。台灣許多非政府組織能創造影響力，最重要的是堅持使命，勵馨正是一個秉持公義與愛，致力於社會改造的社福機構。我相信，脫貧、脫困、脫罪、實現社會正義之路，絕非靠財富，而是靠十字架的精神。

——紀惠容（勵馨基金會執行顧問）

●市場已侵蝕（或美言：活化）了許多傳統的法律原則或理念，絕大多數的法律人卻對此缺乏足夠的省思能力，本該致力於實現正義的法庭，經常淪為喊價的場所。本書正可彌補一般法學教育的缺陷，是每個有志追求良善社會的人，都應詳加閱讀的作品。

——許澤天（成功大學法律系教授）

●民主深化不可或缺的要素是具批判意識的現代公民。這本書無疑是最好的訓練教材，它教你如何思辨！

——林峰正（前民間司法改革基金會執行長）

●《錢買不到的東西》書中列舉了多則案例，告訴我們事實上錢可以買到什麼……桑德爾用極為聰明的方式向我們展現，為什麼這樣的變化是如此要緊。

——英國《金融時報》

●桑德爾先生沒提供我們逆轉現勢的處方。他提出溫和的批判，只要求我們睜大眼睛把事情看個清楚……雖然如此，本書說得很明白，市場道德其實異乎尋常的脆弱。

——《華爾街日報》

●挑戰人心又啟迪智性……本書的研究基礎豐厚，論述明確清晰。它是一部重量級之作，也是一記警醒世人的當頭棒喝，指出我們有多迫切地需要重新找出論述人文思想的明智之道。

——英國《展望》雜誌

●研讀哈佛教授桑德爾的新書……我一邊翻頁一邊不斷驚嘆：「我從來不知道有這種事！」我不知道在二〇〇〇年，「一具俄國火箭上畫著巨大的『必勝客披薩』商標，把廣告帶進了外太空」；二〇〇一年，英國小說家菲・維爾登在義大利珠寶公司寶格麗付錢委託下寫了一本書。我曾聽說體育館會把命名權賣給企業，但我不曉得「就連滑進本壘也成了企業贊助的事件」……我更不知道，二〇〇一年紐澤西州的某所小學是全美第一個將命名權賣給企業的公立學校！

——湯馬斯・佛里曼（《世界是平的》作者）

●精采絕倫卻又深具可讀性，優雅的闡述之餘又不失諧趣……這是一本令人愛不釋手的書。

——英國《泰晤士報》

●桑德爾可說是當今世上最引領風騷的哲學家，這要歸功於他在哈佛大學講授的深受歡迎的「正義」課程……桑德爾重視實務，他針對日常生活的各面向進行論述，並對我們提出強有力的叩問：在伊拉克及阿富汗境內，拿薪水的外國傭兵人數其實多於美軍人數；移民美國的權利變成了一種可以拿錢來兌換的商品，這些做法是否減損了公民的價值？

——《新聞周刊》

● 如何保守共同利益以及建立有利眾人的堅實社群，是我們眼前所面對最根本的事。桑德爾的書，是開啟這場對話的最佳起點。

——《西雅圖時報》

目次

編按：作者於本書所援引的相關文獻，讀者可至「圓神書活網」（www.booklife.com.tw）搜尋本書書籍頁面取得。

The Moral Limits of Markets

What Money Can't Buy

錢買不到的東西

金錢與正義的攻防

〔暢銷十萬冊典藏版〕

前言

市場與道德

有些東西是有錢也買不到的，但近年來，這種東西已經不多了。現在，幾乎每樣東西都可以拿來賣。以下就是幾個例子：

- **監獄囚室升級**：一晚八十二美元。在美國加州的聖塔安那及其他幾個城市，非暴力罪犯可以花錢換得較佳的居住環境——又乾淨又安靜的囚室，遠離那些沒付錢犯人住的囚室。
- **單人駕駛得以行駛高乘載車道**：交通尖峰時間每小時八美元。明尼亞波里斯市及其他幾個城市，正在研議開放單人駕駛付費行駛高乘載車道，以舒緩交通壅塞問題。收費的費率依當時的交通狀況而定。
- **印度代理孕母提供的代孕服務**：六千二百五十美元。尋求代理孕母的西方夫妻，將該工作轉包到印度的需求與日俱增。在印度，這項服務是合法的，而且費用不到美國現行費用的三分之一。

・**移民到美國的權利**：五十萬美元。外國人只要在美國高失業率的地區投資五十萬美元，並創造至少十個工作機會，就可依法獲得賦予他們永久居留身分的綠卡。

・**獵殺瀕臨絕種黑犀牛的權利**：十五萬美元。南非開始允許牧場經營者出售可獵殺限量犀牛的權利給獵人，以鼓勵牧場經營者養殖及保護這種瀕臨絕種的動物。

・**醫師的手機號碼**：每年一千五百美元以上。有愈來愈多的「特約」醫師，會提供自己的手機號碼及當天即可看診的待遇，給願意每年支付一千五百至二萬五千美元不等費用的病患。

・**排放一公噸碳至大氣中的權利**：十三歐元（約十八美元）。歐盟經營的碳排放市場，允許企業購買或出售汙染的權利。

・**你的孩子進入名校的入學許可**：不詳。雖然價格並未公開，但是有幾家頂尖大學的高級職員向《華爾街日報》透露，他們學校會收一些非頂尖的學生。這些學生的父母要夠富有，而且很可能會提供學校鉅額捐款。

並不是每個人都買得起上述這些東西，不過現在有許多新的賺錢方法，如果你想賺點外快，以下是幾種新時代的可能性：

・**出租前額（或你身體的其他部位）作為廣告看板**：七百七十七美元。紐西蘭航空雇用了三十個人，要他們把頭髮剃掉，並在頭上貼暫時性刺青，寫著：「需要一點變化嗎？到紐西蘭來。」

・**擔任製藥公司測試藥品安全的人體白老鼠**：七千五百美元。這個價位可能會高或低一點，端視測試藥物效果的程序侵入性有多大，或造成的不舒適度有多強。

・**為私營軍事公司在索馬利亞或阿富汗作戰**：從每個月二百五十美元至每天一千美元不等。待遇會依能力、經驗及國籍而不同。

・**為那些想參加國會聽證會的說客在國會山莊外徹夜排隊，以確保說客次日有座位**：每小時十五至二十美元。說客會付錢給排隊公司，而排隊公司會雇用遊民或其他人去排隊。

・**如果你是住在德州達拉斯學區內的二年級生，看書**：每本二美元。為了鼓勵閱讀，許多學校只要小朋友看完一本書，就會給他們錢。

・**如果你有過胖問題，在四個月內減重十四磅**：三百七十八美元。企業及健康保險業者提供獎金給減重或從事其他有益健康行為的人。

・**為生病或年邁者購買壽險，在其有生之年替他們支付保費，然後在他們過世後收取**

理賠金：有可能達數百萬美元之多（視保單內容而定）。這種以陌生人生命為賭注的形式，已經成為一個高達三百億美元的產業。這些陌生人愈早死，投資者所得到的理賠金就愈高。

在我們身處的這個時代，幾乎每樣東西都可以拿來買賣。過去三十年來，市場和市場價值以前所未有的方式掌控了我們的生活。我們並沒有刻意選擇這樣做，但這種現象似乎就如此發生在我們身上。

當冷戰結束時，市場及市場式思考享有前所未有的榮耀，這是可想而知的事。過去，沒有任何其他建立財貨[1]生產及銷售的機制，曾如此成功地創造出富足及繁榮。不過，當世界各國在經濟發展上擁抱市場機制，卻也同時產生了另一種現象。市場價值在社會生活中所扮演的角色愈來愈重要，經濟學逐漸成為顯學。如今，購買及銷售的邏輯已不再僅限於有形的商品，它對整體生活的掌控程度愈來愈深。現在是時候開始自問，到底我們想不想這樣過日子。

⊙回想市場凱旋論的時代

二〇〇八年金融危機發生之前，市場的信心及自由化已經達到幾近迷亂的程度，那也就是市場凱旋論時代。這個時代始於八〇年代初期，當時雷根及柴契爾夫人向世人宣示他們的信念：掌握繁榮及自由之鑰的不是政府，而是市場。這種現象在九〇年代仍然持續，當時支持市場自由主義的柯林頓及布萊爾雖然走較中庸的路線，但還是進一步強化了市場是達成大眾福祉最主要手段的信念。

如今，這個信念已經遭到質疑。市場凱旋論的時代已經告一段落。金融危機不只令人對市場有效分配風險的能力產生疑慮，同時也促成一種共識，那就是：市場已經脫離道德，而我們需要將兩者重新連結起來。可是，這到底是什麼意思？而我們又該怎麼做？目前還不明朗。

有人認為，市場凱旋論核心的道德低落，主要源自於貪婪，而貪婪導致不負責任的冒險。根據這種看法，解決之道在於遏制貪婪，堅持銀行業及華爾街金融圈主管們應該更有

①編注：在經濟學上，「財貨」泛指產品和勞務，也就是一切勞心及勞力之產出。

誠信及更負責任，同時制訂合理的法規，避免未來再發生類似的危機。

這充其量只能算是頭痛醫頭、腳痛醫腳的局部診斷。當然，貪婪絕對是金融危機中的要角，但事實上，還存在著更嚴重的危機。**過去三十年來所發生最致命的變化，並不是貪婪的增加，而是市場及市場價值已擴張到非它們所屬的生活領域中。**

若要對抗這種情況，我們需要的不只是痛斥貪婪。我們應該重新思考，市場在我們社會中應該扮演的角色是什麼。我們需要開放公共辯論，討論將各市場圈限在既定的範圍內是什麼意思。**為了進行這項辯論，我們需要先想清楚市場的道德極限何在。我們應該要自問：有什麼東西是不應該用錢買的。**

市場以及市場導向的思考，延伸至傳統上由非市場基準所規範的領域，是我們這個時代最重大的發展之一。

讓我們來想想：以營利為目的的學校、醫院及監獄，以及將作戰任務轉包給民營軍事承包商（傭兵），這些現象的激增。（在伊拉克與阿富汗境內，傭兵的人數其實多於美軍的人數。）

再想想：政府警力被民營保全公司所取代的現象——尤其在美國和英國，民間保全人員的數目是政府執法人員數目的兩倍。

或者還可以想想：製藥公司對富裕國家的消費者積極推銷處方藥的現象。（如果你看過美國夜間新聞時段的廣告後，認為全世界最嚴重的健康危機不是瘧疾、河盲症[2]或昏睡病，而是勃起功能障礙的流行，不會有人責怪你的。）

另外，也可以想想這些現象：商業廣告深入公立學校；公園或公共空間出售「命名權」；推銷人工受孕所使用的「特製」卵子及精蟲；將懷孕生產轉包給開發中國家的代理孕母；讓企業或國家購買或出售汙染權；以及已幾近允許購買或出賣選舉的競選資金制度等。

三十年前，幾乎從來沒聽說過類似這種用市場去分配健康醫療、教育、公共安全、國家安全、刑法、環保、休閒、生育，以及其他社會性財貨的例子。但如今，我們早已視之為理所當然。

⊙當一切都待價而沽

為什麼要擔心，我們的社會正朝著每樣東西都可以買賣的方向邁進呢？

② 譯注：河盲症是一種由黑蒼蠅傳染所導致的眼盲。

有以下兩個理由：第一是有關不平等，第二是有關腐化。先談不平等。在一個每樣東西都可以買賣的社會裡，所得微薄者的日子會比較難過。當錢可以買得到的東西愈多，富裕（或貧窮）與否就變得更要緊。

如果富裕的唯一優勢是有能力購買遊艇、跑車、奢華假期，那麼所得和財富的不平等就沒那麼要緊。但是當金錢可以買到的東西愈來愈多——政治影響力、良好的醫療服務、位於安全而非犯罪率居高不下的住宅區的家、進入菁英名校而非爛學校的管道——那麼所得和財富的分配就愈顯重要了。當每樣好東西都待價而沽，有沒有錢，就有了天壤之別。

由此可知，為什麼過去幾十年來，貧困及中產階級家庭所受到的衝擊特別大。不只是因為貧富差距顯著擴大了，而是所有東西商品化的結果，使得金錢變得更加重要，也加深了不平等所造成的痛苦。

我們應該考慮別將每樣東西拿來買賣的第二個理由，則較難具體描述。這不是關於不平等或不公平，而是關於市場所具有的侵蝕性傾向。把生命中各種美好的事物標上價格，有可能導致其腐化。因為市場不只是在分配財貨，它也在宣揚並促成對該項被交易財貨的特定態度。當小朋友閱讀就付錢給他們，這或許會促使他們閱讀更多的書，但也會因此教他們把閱讀視為一樁差事，而不是內在滿足的來源。大學校方把新生入學的名額拿來拍賣給出價最高的人，固然可以籌措到資金，但同時也會損及學校的誠信及其發行文憑的價值。雇用外國傭兵去作戰，固然可以保全國民的生命，卻也會造成公民內涵的腐化。

經濟學家經常假設市場是沒有生命的，所以不會影響到在其間交易的財貨。但這個想法並不真確。市場凡走過必留下痕跡，而且有時候，市場價值會排擠掉值得我們關注的非市場價值。

當然，對於到底何種價值值得我們關注，或是為什麼值得我們關注等問題，總是言人人殊，所以**若想判斷哪些東西是金錢應該或不應該買的，我們必須先決定應該由哪些價值來規範社會及公民生活的各個領域。如何徹底思考這個問題，正是本書的主題**。

試將我希望提供作為參考的答案說明如下：當我們決定某些特定物品可以進行買賣，這代表我們至少在心裡做出了如下的判斷：將這些物品視為商品，或是可藉以獲利及使用的工具，是適切正當的。但並非所有的東西都能用這種方式進行合理的衡量。最顯而易見的例子就是人類的買賣。奴隸制度之所以駭人聽聞，主要就是因為它將人類視為可以在拍賣會中進行交易的商品。這樣的做法並不能適切地衡量人的價值，因為人類有尊嚴也值得受尊重，並不是用來獲利的工具，也不是供使用的物品。

至於其他受到珍惜的財貨或事務也一樣。我們不會容許兒童在市場上被買賣。即使買方並未不當對待他們所買來的孩子，販童市場還是宣揚並促成了衡量兒童的錯誤方式。兒童不應被視為消費性商品，而應被視為值得疼愛及關心的生命。我們也可以思考公民的權利及義務。如果你被召喚去擔任陪審團成員，你不能雇用別人來代替你；或即使有人很急切地想要收購選票，我們也不會准許公民出售選票。為什麼不行呢？因為我們相信，公民責任不該被視為私有財產，而應該被當成一種責任。轉嫁這些責任就是在貶低它們，也就是以錯誤的方式衡量它們。

這些例子說明了一個較廣泛的重點：**生命中某些美好的事物，一旦被轉化為商品，就會淪於腐化或墮落**。所以若要判定市場所歸屬的範疇或我們應與之保持多遠的距離，我們必須決定，如何去衡量我們所討論的那些事物──健康、教育、家庭生活、大自然、藝術以及公民責任等。這些是道德與政治問題，而不只是經濟問題。要回答這些問題，我們必須針對這些事物的道德內涵，以及衡量它們的適切方式，逐一進行辯論。

這是在市場凱旋論時代付之闕如的辯論。也正因為如此，我們在沒有真正了解、也從未有意識地決定這麼做的情況下，從「擁有」市場經濟，逐漸「成為」市場社會。

這兩者之間的差異在於：市場經濟是一種工具，是建立生產性活動可貴而有效的工具。市場社會則是一種生活方式，在這種生活方式之下，市場價值滲入人類生活的各面向，把社會關係都轉化為市場的形象呈現。

現代政治中最欠缺的重大辯論，是關於各種市場所扮演的角色及其範圍。我們想要的是市場經濟，還是市場社會？市場在公眾生活與個人關係中，應該扮演何種角色？我們要如何決定哪些東西應該可以交易，又有哪些應該受到非市場價值的規範？有哪些領域或面向是即便有錢也不能使鬼推磨的？

這些都是本書想要探討的議題。由於這些議題都探觸到有關良善社會及美好生活的爭議觀點，所以我無法保證每個問題都一定有明確的答案。但是我希望至少可以藉此推動對這些議題的公開討論，並提供審視這些問題所需要的哲學架構。

⊙重新思考市場的角色

即便你同意，我們需要處理市場道德性這個重大議題，你可能會質疑公眾論述是否已經準備好面對這項任務。有這樣的疑慮是合理的。在嘗試重新思考市場的角色及範圍之前，我們得先承認現實中有兩項令人氣餒的障礙。

其一是，即便我們仍處於近八十年來最嚴重的市場崩潰的後遺症中，市場式思考仍存留著力量及威望。其二則是公眾論述的激烈憎惡與空洞。而這兩者未必全然不相關。

第一個障礙令人疑惑。二〇〇八年發生的金融危機，曾普遍被政界認定是過去三十年以來，因肆意擁抱具壓倒性優勢的市場而得到的道德判決。盛極一時的華爾街金融機構的瀕臨瓦解，以及對以納稅人的錢去支付鉅額紓困計畫的需求，在當時看來，似乎必然會促使人們對市場進行反思。即便是當年在聯準會主席任內極力支持市場凱旋論的葛林斯班，也承認自己陷入了「震驚不敢置信」的狀態，因為他過去堅信自由市場具有自我修正的能力，現在竟然被證實是錯誤的。一向很支持市場的英國《經濟學人》雜誌，在「經濟學哪裡出了錯？」的封面標題之下，呈現的圖像是化為一灘泥漿的經濟學教科書。

市場凱旋論的時代就這樣愴然結束。那麼現在當然是肯定道德及冷靜地重新考量市場信心的時候了，但事情並不是這麼發展的。

整體而言，金融市場的崩潰幾乎並未對市場的信心造成衝擊。事實上，金融危機打擊的是政府的威信而不是銀行。二〇一一年的幾項調查顯示，美國民眾認為國家目前所面臨的經濟問題，要責怪的是聯邦政府，而不是華爾街的金融機構，而且該比率接近二比一。

金融危機已經導致美國以及全球絕大多數國家的經濟，陷入自大蕭條以來的最低點，數以百萬計的人因此失業。然而，這個危機並未促使人們根本上的重新思考市場。相反地，美國境內最值得注意的政治後果是茶黨運動的崛起。茶黨對政府的敵意，以及擁護自由市場的姿態，足以使當年的雷根瞠乎其後。二〇一一年秋季，「占領華爾街運動」將抗議活動帶向全美，甚至全世界的各大都市。抗議活動的對象設定為大型銀行、企業，以及所得與財富分配不均現象的惡化。儘管茶黨及占領華爾街運動分子的意識型態並不相同，兩者都具體表露了民粹主義者對政府紓困政策的憤怒。

然而，即便有這些抗議聲浪的出現，在政治上還是幾乎沒有針對市場的角色及範圍進行嚴肅的辯論。民主黨和共和黨對於稅制、支出、預算赤字等問題，一直以來都意見分歧，只不過現在黨派色彩更濃，而且幾乎不具有任何激勵或勸服民眾的能力了。由於現行的政治體系無法為大眾謀福祉，也無法對影響最深遠的議題提出見解，人民對政治的幻滅情緒也益發升高。

公眾論述的難以掌握，是公開討論市場道德極限的第二個阻礙。身處現代，政治爭論的表現無非是有線電視節目的公然對罵、電台談話性節目中黨派色彩濃厚的刻薄言語，以及國會殿堂裡的意識型態混戰。在這種情況之下，很難想像要怎麼針對如此具爭議性的道德問題，進行理性的公開辯論，包括珍惜生育、兒童、教育、健康、環保、公民，以及其他財貨的正確方式。不過我深信，這類的辯論仍是可能的，而且這樣做將可為我們的公共生活賦予活力。

有些人認為，在現今充滿敵意的政治中充斥著過多的道德信念：太多人懷抱著過度強烈的信念，而且還想強迫別人也接受。我認為這是誤解了我們身處的困境。當前政治所面臨的問題，並非有過多關於道德方面的議論，而是過少。我們的政治之所以會呈現過熱的現象，主要是因為缺乏道德與精神的內涵，無法與人民所關注的重大問題接軌。

現代政治之所以缺乏道德，有數個源頭。其一就是因為它試圖在公眾論述中屏除對於美好生活的概念。我們常會要求人民別在公領域內執著於道德與精神的信念，以避免黨派之間的衝突。這雖然立意甚佳，但是不願在政治中容許對美好生活的議論，正好為市場凱旋論與市場推論的持續存在鋪設了一條康莊大道。

市場推論也以其獨特的方式，掏空了公共生活中的道德辯論。市場之所以迷人，部分原因在於市場並不會去批判其滿足的選擇。市場不會質疑，為什麼有些衡量事物的方式比其他的方式更高明或更有價值。若是有人願意付錢尋花問柳或買一顆腎臟，而一名成年人願意出售，那麼經濟學家會提出的唯一問題就是：「多少錢？」市場不會搖頭否定，也不會去區分可敬或卑劣的選擇。交易中的各方，得自己決定要對交換的財貨訂定何種價格。

這種對價值不主觀的立場，就是市場推論的核心，也是市場主要的魅力所在。然而由於我們對道德及精神等層面論述的消極態度，再加上對市場的支持，我們因此必須付出高昂的代價，包括排除了公眾對道德及公民能量的論述、造成當今困擾許多社會的技術官僚及管理政治。

對市場道德的極限進行辯論，可以讓我們決定，對社會而言，市場在哪些層面能為大眾帶來好處，在哪些層面則不適用。藉由開放討論針對美好生活的不同觀點，可以為我們的政治賦予活力。不然，這樣的論述又能如何進行呢？如果你同意，把特定事物拿來買賣會造成它們的腐化或墮落，那麼你一定會相信，的確有某些珍惜這些事物的方式，會比其他的方式更恰當。以身為父母或公民來說，除非你認定擔任親職或公民的某些方式比其他方式好，否則就沒道理討論它們的腐化或敗壞。

類似這樣的道德判斷，就藏身於現今市場少數的限制背後。我們不允許為人父母者出售他們的孩子，也不接受公民出售他們的選票。坦白說，我們不容許的理由之一，就因為我們是主觀的：我們相信，出售這些東西等於是以錯誤的方式在珍惜它們，而且會因此培養出惡劣的態度。

徹底思考市場的道德極限，會使這些問題無所遁形。它要求我們一起進行公開討論，應該如何珍惜我們所重視的社會性財貨。即使是在最佳狀態下，若以為只要舉行一場道德健全的公開論述，就可以帶領大家找到每個議題的答案，那就太天真了。可是這樣做的確可以促成較健全的公共生活，也可以讓我們更清楚了解：生活在這個每樣東西都待價而沽的社會中，我們所付出的代價是什麼。

想到市場的道德性時，我們首先會想到華爾街的銀行，以及它們魯莽的罪行，也會想到避險基金、紓困計畫，以及法規改革等。然而，現今我們所面對的道德及政治挑戰，是更普遍、更世俗的，我們要重新思索的是，在我們的社會事務、人際關係以及日常生活中，市場所扮演的角色及其延伸的範圍。

第 1 章 ／ 插隊

「先到者先享受服務」的倫理，
正逐漸被「付費者享受服務」的倫理所取代。
在機場、主題樂園、高速公路和醫院，
我們看到金錢及市場的勢力，
愈來愈深入過去原本由非市場機制所規範的生活各層面。

沒有人喜歡排隊。有時候你可以付錢插隊。眾所周知，在高級餐廳，只要你願意付領班慷慨的小費，就可以在賓客盈門的夜晚，縮短等待位子的時間。這種小費就等於是賄賂，會在私底下謹慎處理。餐廳不會在門口貼著告示，宣布：願意給領班五十美元小費的客人，可以立刻有位子。不過近年來，出售這種插隊的權利已經從暗處現身，成為大家熟悉的作業模式了。

⊙付費切入快速通道

機場安全檢查關卡的長龍，讓飛行旅程成為一場試煉。不過並不是每個人都需要在這條蜿蜒的人龍中等候。搭乘頭等艙或商務艙的旅客，可以走優先安檢通道，排在驗證隊伍的最前面。英國航空公司稱之為「快速通關通道」。這項服務也可以讓購買高價機票的旅客，在護照查驗及移民署檢查時，享受插隊的禮遇。

不過，絕大多數的人都沒有搭頭等艙的經濟能力，所以航空公司開始提供經濟艙旅客，以單一費用購買插隊權的機會。只要多付三十九美元，美國聯合航空公司就會賣給你從丹佛到波士頓的優先登機權，還附帶安檢插隊權。英國倫敦的盧頓機場（Luton Airport）還提供較平價的快速道選擇：你可以在排隊的人群中等待安檢，也可以付三英鎊讓自己排到隊伍的最前面。

有人批評機場安檢的快速通道不該拿來賣錢。他們認為安全檢查是國家安全事務，跟較寬敞的放腳空間或優先登機的禮遇不一樣。防止恐怖分子進入飛機的責任，應該要由全體乘客一起分擔。航空公司對此的答覆是：每個人都得接受相同程度的檢查，只不過等待的時間會因價格而不同。他們堅持只要每個人都接受相同的全身掃瞄，在安檢隊伍中縮短排隊時間，應該是航空公司可以自由販賣的一種便利。

主題樂園也開始銷售插隊權。一般而言，主題樂園的遊客可能會需要花上好幾個小時來排隊，才能玩到園內最熱門的那些設施。現在，好萊塢環球影城和其他主題樂園紛紛開始提供不用等待的方法：只要你願意支付約一般門票兩倍的價格，園方就會賣給你排在隊伍最前面的入場證，讓你可以快速玩到驚險的「木乃伊復仇」雲霄飛車。或許在道德上，這並不像機場安檢的特權通道般嚴重，但是仍有人為這種手段感到痛心，他們認為這會敗壞健全的公民習慣。有位評論家這麼寫道：「主題樂園的排隊現象，曾呈現出偉大的平等性；每個去度假的家庭，都依循民主模式，等待輪到自己玩的時刻。然而如今這種景象已不復見。」

有趣的是，主題樂園往往會模糊他們發售的這項特權。有些業者為了不引起一般大眾的反感，會引導這些貴賓從後門或不同的門進入。也有些業者會提供護衛，以確保貴賓能順利插隊。這種低調行事的需求正顯示出，即使只是在主題樂園付費插隊，仍然違反一般人對公平的認知：公平的意思就是大家乖乖排隊。不過，這種自我約束的現象，在環球影城的訂票網站上就完全不存在了。該網站毫不掩飾地宣傳其每張一百四十九美元的隊伍最前方門票：「所有的遊樂設施、表演及景點，你都可以插到隊伍的最前面！」

如果你覺得主題樂園的插隊令人感到沮喪，或許你會想去參觀像帝國大廈那樣的傳統觀光景點。只要付二十二美元（孩童只要十六美元），就可以搭電梯直達第八十六樓的觀景層，飽覽紐約市的壯觀街景。不過很遺憾地，由於這是個每年會吸引數百萬遊客的知名景點，所以遊客往往得等上好幾個小時才能擠得進電梯。於是，現在帝國大廈也提供快速道。用四十五美元的價格，可以買到一張快速通行證，讓你在安全檢查及搭電梯時，享受優先插隊的禮遇。一個四口之家花一百八十美元去換取優先搭電梯的特權，似乎有點太貴。但是，就如同購票網站上所指出的，快速道是可以讓你「不受排隊之苦，直接欣賞最壯觀的美景，以充分利用在紐約與帝國大廈每一刻」的「絕佳機會」。

⊙當特權呼嘯而過

在美國境內的各條高速公路上，出現快速道的趨勢也愈來愈明顯。愈來愈多的通勤族只要願意花點錢，就可以在暢行無阻的快速道上行駛，以避免陷入動彈不得的車陣之中。它的起源是八〇年代的共乘車道。當時美國許多州為了解決交通壅塞及空氣汙染的問題，設計快速車道給願意共乘的通勤族。單人駕駛若行駛在該車道上，會被處以極高的罰款。當時，有人會在前座放一個充氣娃娃，希望可以騙得過高速公路的巡警。電視喜劇影集《人生如戲》中就有一集以這個措施為題材。男主角賴瑞．大衛想出了一個妙計，讓自己在出門去看洛杉磯道奇隊棒球賽時，不為車陣所困，並得以開上共乘道。這項妙計就是雇用一名妓女——不是為了滿足性欲，而是要她搭他的車去棒球場。果然，開上共乘車道，讓他得以在投手投出第一球之前就抵達球場。

如今，許多通勤族也可以這樣做，但不再需要雇用幫手了。在交通尖峰時間，單人駕駛最多只要花十美元，就可以買到行駛於共乘道上的權利。聖地牙哥、明尼亞波里斯、休士頓、丹佛、邁阿密、西雅圖及舊金山等，都是目前發售快速車道行駛權的城市。費用的多寡通常依交通狀況而定；交通流量愈大、價格愈高。（在大部分地點，車上若乘坐兩人或兩人以上，還是可以免費使用快速道。）洛杉磯東方的河濱高速公路，交通尖峰時間的免費車道上擠滿了無法動彈的車子，車行時速往往只有十五至二十英里（約二十四至四十公里）。反觀快速道上的付費汽車，卻得以用每小時六十至六十五英里（約九十六至一百零四公里）的高速呼嘯而過。

有人反對這種付錢插隊的構想。他們指出增設快速道增加了富有者的優勢，並把貧窮者拋到隊伍的最後面去。反對付費快速道的人，把這種快速道稱為「凌志車道」（Lexus lanes）。他們認為，這種車道對收入微薄的通勤者而言並不公平。但也有人不同意這種看法，認為對加快服務收費一點錯都沒有。聯邦快遞的隔日交件服務要加收費用，乾洗店也會對當天交件服務收取額外的費用，可是並沒有人抱怨，聯邦快遞優先運送你的包裹或乾洗店先洗你的襯衫是不公平的。

對經濟學家而言，排長隊去取得商品或服務，是浪費且缺乏效率的，而且這也表示價格體系無法調節供給及需求。讓人們在機場、主題樂園或高速公路付費享受快速服務，可以透過讓人們為自己的時間定價，而改善經濟效率。

⊙排隊，成了一門生意

即使是在不准付費插隊的地方，有時候還是可以雇人為你排隊。每年夏天，紐約市公立戲院都會在中央公園舉辦免費的戶外莎士比亞劇表演。晚上演出的門票，從下午一點鐘起開放索票，但早在數小時之前，就已經出現排隊的隊伍。二〇一〇年艾爾．帕西諾飾演《威尼斯商人》中的夏洛克時，市民對門票的需求更為殷切。

許多紐約人都很想欣賞這齣戲，但又沒時間去排隊。根據《紐約每日新聞》的報導，這種困境催生了一種新產業的崛起，那就是有人會為願意付錢買方便的人提供排隊的服務。排隊者在 Craigslist 等網站上刊登廣告，他們能幫客戶排隊，索取免費的表演門票，並忍受等待之苦，換來的是，向忙碌的客人收取最高達一百二十五美元的費用。

戲院試圖阻止代客排隊者做這種生意，他們指出：「這樣就不符合『公園裡的莎士比亞』的精神了。」一公營劇場接受公家補助，是非營利事業，其使命就是讓來自社會各行各業的民眾都能親近偉大的戲劇。當時庫歐默（Andrew Cuomo）擔任紐約檢察總長，他對 Craigslist 施壓，要他們停止刊登售票及代客排隊服務的廣告。他說：「銷售原本該是免費的票，等於剝奪了紐約市民享受這項由納稅人贊助機構所提供的福利。」

代客排隊者的生財機會不只在中央公園。華盛頓特區代客排隊的業務正迅速成為政府的固定配備。國會在針對立法建議案舉行公聽會時，會保留一些座位給媒體，剩餘座位則開放給大眾，並依到場的先後順序分配。視主題及會議室大小不同，想進入公聽會現場的人，可能得在前一天甚至更早就開始排隊，有時甚至必須佇立於雨中或冬季的寒風中。企業的說客非常想參與這些公聽會，因為他們希望能在休息時間找機會跟議員聊一聊，並了解會影響其產業法規的發展狀況。但是，這些說客並不願意親自花好幾個小時排隊以確保座位。他們的解決對策就是：花個幾千元聘請專業代客排隊業者，而這些業者會找專人來代替他們排隊。

這些代客排隊業者會召募退休人員、送信信差或遊民（最近日益增加），他們要能不畏惡劣天候，在排隊的行列中占得一個位置。代客排隊者會在室外等候，等隊伍開始移動，他們就能進入國會辦公大樓內，並在聽證會舉行的房間外排隊。就在聽證會即將舉行之前不久，衣著光鮮的富有說客抵達現場，與衣衫襤褸的代客排隊者交換位子，取得會議室中的座位。

代客排隊業者向說客收取的價格是每小時三十六至六十美元不等。換言之，想在小組聽證會中取得座位，就得花上一千美元，甚至更多。至於在隊伍中代客排隊者，每小時的酬勞是十至二十美元。《華盛頓郵報》曾以社論公開譴責這項業務，認為它「貶低」國會及「藐視大眾」。密蘇里州民主黨參議員麥卡絲吉爾（Claire McCaskill）曾試圖抵制，但未能成功。她表示：「特殊利益團體可以像買音樂會或足球賽的門票一樣，在國會聽證會的旁聽席買到座位，真的讓我感到非常不安。」

這項業務最近已經由國會擴展至最高法院。每當最高法院要針對重大憲法案件進行開庭辯論，就很難取得旁聽的座位。但如果你願意付錢，就可以雇用代客排隊者，替你在最高法院裡取得旁聽席最好的位子。

代客排隊公司 LineStanding.com 形容自己是「國會排隊行業中的領導者」。當參議員麥卡絲吉爾提議立法禁止這項業務時，該公司的老闆格洛斯（Mark Gross）極力為此辯護。他將排隊與亨利・福特裝配線上的勞工分工相比，他說：「在裝配線上的每個勞工，都要負責自己特定的工作。」就如同說客精於參與聽證會並「分析所有證詞」、參議員與眾議員善於「做出見識淵博的決定」一樣，代客排隊者則很擅長……等待。格洛斯主張：「分工使美國成為一個適於工作的地方。代客排隊或許看起來是一種很奇特的業務，但它最終還是自由市場經濟中一份誠實的工作。」

葛姆斯（Oliver Gomes）是個專業代客排隊者，他同意這種說法。葛姆斯被召募去做這個工作時，住在遊民庇護所。他在為一位想參加氣候變遷聽證會的客戶排隊時，接受CNN的採訪。葛姆斯告訴CNN：「坐在國會的大廳裡，會讓我覺得好過一點。它提升了我，然後讓我，嗯，你知道……覺得或許我真的就屬於這裡。或許即使是在這個最微不足道的層級，我也可以有所貢獻。」

然而，若葛姆斯有機會就意味著部分環保人士的挫敗。當環保團體的人想去參與這個有關氣候變遷的聽證會時，他們會沒辦法進去。說客付錢雇來的代客排隊者，已經占據聽證室中所有的開放座位。當然，或許有人認為，如果環保人士真的這麼在意這場聽證會，他們也可以徹夜排隊，或是雇用遊民去幫他們排隊。

⊙醫師看診的黃牛市場

收費代人排隊並不是在美國才有的現象。最近我去中國時，聽說在北京最好的醫院裡，代客排隊已經是司空見慣的現象。過去二十年的市場改革，削減了對公立醫院及診所的補助，尤其是鄉村地區，所以住在鄉村的病患，現在都得跑到首都的公立大醫院。掛號大廳裡大排長龍。人們得徹夜排隊，有時候甚至要排上好幾天，才能拿到醫師的診療單。

掛號單算是非常便宜——只要十四元人民幣，可是要真正拿到其實也並不容易。有些病患急需看病，沒辦法在隊伍裡等幾天幾夜，於是就會去跟黃牛買。黃牛其實就在供給與需求之間的差距中找到生路。他們會雇人排隊去掛醫師的號，然後再以數百元的價格轉售，這種價格比一般農民好幾個月的收入還多。頂尖專科醫師的掛號定價非常特別，而且就像聯棒大聯盟的包廂票一樣，會被黃牛哄抬。《洛杉磯時報》是這樣描述北京醫院掛號大廳外面買賣黃牛票的情形：「譚醫師。譚醫師。有誰想要譚醫師的掛號單？風濕免疫科。」

看醫生還要買黃牛票，總讓人覺得很討厭。第一，在這種制度中獲利的是令人反感的中間人，而不是提供醫療照護的人。譚醫師大可以提出質疑：假設風濕免疫科的掛號單價值一百元，那為什麼這些錢的絕大部分都歸給黃牛，而不是給他或他所屬的醫院？經濟學家可能會同意並建議醫院調高掛號費。事實上，有些北京的醫院已經增設了特別掛號窗口，這些窗口的掛號費比較貴，排隊的隊伍也短得多。這種高價掛號窗口就是主題樂園中不需等候的加價門票，或機場安檢快速通道的醫院版，是一種付費插隊的機會。

但是，無論到底是黃牛或醫院因過大的需求而從中得利，風濕免疫科的快速通道引發了一個更基本的問題，那就是：病患是否應該只因為付得起，就可以插隊提前獲得醫療服務？

黃牛及北京醫院的特別掛號窗口，很清楚地呈現了這個問題。不過，對於美國近年來日益增加、比較隱諱不明的插隊服務，也就是「特約」醫師的增加，我們也可以提出相同的問題。

⊙特約醫師，富人專屬

雖然美國醫院裡並沒有擠滿黃牛，但醫療照護通常也需要長久的等待。醫師的約診時間往往都排到數星期、甚至數個月之後。等你在約診的時間出現，可能還需要在候診室裡苦等許久。等你終於看到醫生時，往往短短十至十五分鐘之內就會被打發出來。理由如下：保險公司對基層醫師的例行看診，支付的費用並不多，所以一位全科醫師若想要有不錯的生活品質，就必須看約三千名或更多的病患，而且通常一天之內得走馬看花般地看完二十五至三十位病患。

許多病患及醫師都對這個制度感到失望，因為醫師幾乎沒什麼時間去了解他們的病患或答覆病患的問題。於是，有愈來愈多的醫師開始提供服務更貼心的照護，也就是所謂的「特約醫療」。就如同五星級飯店的禮賓服務一樣，特約醫師二十四小時聽候差遣。病患繳交一千五百至二萬五千美元不等的年費之後，就保證可以得到當天或次日的約診、無候診時間、有從容不迫的諮詢，以及二十四小時以電話或電子郵件與醫師連繫的管道等服務。而且，若是你需要向頂尖的專科醫師求診，你的特約醫師也會先為你打點好一切。

特約醫師會大幅減少看診的病患數目，以提供這種貼心的服務。凡是決定將診所業務轉換為特約醫療服務的醫師，都會去信給所有的病患，提供他們選擇：是要登記加入需繳交年費的無候診時間的全新服務，還是要另請高明。

最早的特約醫療服務，也是收費最高的業者之一，就是一九九六年成立於西雅圖的「MD平方」（MD^2）。該公司保證：每人每年繳一萬五千美元（每個家庭二萬五千美元）的費用，就可以享有「絕對、無限以及專屬的，與您私人醫師連繫的管道」。每位醫師只服務五十個家庭，就如同該公司於網站上所說明的：「我們所提供服務的可用性及水準，使得我們必須將業務範圍專注於少數特定對象。」在《城市與鄉村》雜誌中的一篇文章報導，「MD平方」的候診室「看起來比較像麗池酒店的大廳，而不像開業醫師的辦公室」。不過，根本幾乎沒有病患會到診所來。絕大多數的病患都是「CEO及企業的老闆。他們不願意損失一天中的任何一個小時，去醫師的診所看診。他們比較喜歡在自己私密的家中或辦公室裡接受看診」。

其他的特約服務也都是為中上階層的人量身設計的。MD VIP是一家位於佛羅里達州的營利特約連鎖業者，他們提供當天看診及快速服務（你打來的電話，在第二聲鈴響之前就一定會有人接聽），所收的費用介於每年一千五百至一千八百美元之間。他們也接受標準醫療程序的保險理賠。參與的醫師將服務的病患數減少至六百人左右，如此一來他們就得以在每一位病患身上投入較多的時間。該公司向病患保證：「等待不會是他們健康醫療體驗的一部分。」根據《紐約時報》的報導，MD VIP位於佛羅里達州波卡瑞頓（Boca Raton）的某家診所，在候診室裡供應著水果沙拉及海綿蛋糕，不過由於幾乎沒有人在候診，所以準備的食物通常都是原封不動地撤下。

對特約醫師及付費的病患而言，特約服務才是醫療應有的樣貌。醫師一天可以只看八至十二個病患、而不是三十位，但收入仍能維持高人一等。MD VIP的會員醫師可以分得病患年費的三分之二（另外的三分之一交給公司），也就是說，有六百位病患的診所，每年僅僅是聘任費就高達六十萬美元，這還不包括保險公司的理賠。對於負擔得起這個費用的病患而言，好整以暇地看診，以及醫師的電話全天候保持暢通等，都是很值得付費享有的奢侈品。

特約服務之所以能只為少數的病患看診，是因為其他病患都被轉到病患數過多的其他醫師那兒去了。當然，這就是它的缺點。正因如此，它也導致所有快速通道方案都會遭遇的反對聲浪：對於被留在慢速通道上受苦的人而言，這是不公平的。

特約醫師當然和北京的特別掛號窗口或掛號黃牛體系不一樣。無力支付特約醫師服務費用的病患，通常都可以在別的地方找到很好的醫療服務，然而北京那些無力支付掛號黃牛的人，卻只得陷入好幾個晝夜的等待中。

儘管如此，這兩種制度有一個共同點，那就是它們都允許富裕者插隊享受醫療服務。在北京的插隊現象比在波卡瑞頓更直接而露骨，這兩者看起來似乎有天壤之別——一個是擁擠的掛號大廳中的喧囂混亂，另一個則是海綿蛋糕乏人問津的候診室中的平靜。但這只不過是因為特約病患在約診時間抵達時，隊伍的篩選早已透過加收費用而發生，也已結束了。

前面討論到的故事都是時代的徵象。在機場、主題樂園、國會的走廊，以及醫師的候診室，排隊的倫理（先到者先享受服務），正逐漸被市場的倫理（付費者享受服務）所取代。

⊙市場的勢力擴張

而這種轉變還反映出一個更重大的現象，那就是：金錢及市場的勢力已愈來愈深入過去原本由非市場機制所規範的生活各層面。

販賣插隊權並不是這股趨勢中最令人無法忍受的例子，但是檢討代客排隊、黃牛票，以及其他形式的插隊的是非曲直，可以幫助我們粗略了解市場推論的道德力量，以及道德極限。

雇用他人代替排隊或賣黃牛票，到底有沒有錯呢？絕大多數的經濟學家會回答「沒有」。他們對於排隊的道德論幾乎毫不苟同。他們會問：如果我想花錢請一位遊民幫我排隊，為什麼有人有意見？如果我想把手中的票賣掉而不是自用，為什麼我應該被阻止？

對於市場優於排隊的論點，有兩種看法。其一是關於尊重個人自由，其二則是關於將福祉或社會效用發揮至極限。前者是古典自由派的看法，主張只要不侵犯他人的權利，每個人都應該擁有購買或銷售他們想要買賣東西的自由。古典自由派人士反對禁止販賣黃牛票的法令，理由與他們反對禁止賣淫和人體器官銷售的法令是一樣的：他們認定這類法令侵犯了個人自由，妨礙了成年人自己做的選擇。

支持市場的第二種看法，許多經濟學家都不陌生，那就是功利主義。意思是，市場交易同時有利於買方及賣方，藉此可以改善我們整體的福祉或社會效用。既然為我排隊的人和我之間達成協議，就證明最後我們雙方都可以從中獲得好處。花一百二十五美元，可以讓我不需要排隊就欣賞到莎士比亞的戲劇，這一定會讓我過得更好，否則我不會去雇用代客排隊者。花數小時的時間排隊賺取一百二十五美元，一定也對代客排隊者有好處，否則他們不會願意接受這項工作。我們兩方交易的結果是雙方都從中各得其利，而我們彼此的效用也因而獲得提升。這就是經濟學家所說的，自由市場可以有效分配財貨。允許人們進行有利於雙方的交易，可以讓市場將財貨分配給最珍惜它們的人，而這是根據人們付錢的意願來衡量的。

我的同事曼丘（Greg Mankiw）是經濟學家，曾參與撰寫美國最普及的經濟學教科書。他舉了黃牛票的例子來說明自由市場的優點。首先，他說明經濟效率指的是，透過可將「社會中每個人的福祉擴大到極致」的方式去分配財貨。然後他又指出，自由市場是藉由「將財貨分配給最珍惜的人——根據人們付錢的意願來衡量」，而有助於達成這樣的目標。看看那些哄抬票價的黃牛：「如果某個經濟體想要有效率地分配其稀有的資源，財貨必須被送到最珍惜它們的消費者手上。黃牛票就是市場如何達到有效率結果的例子……黃牛藉由收取市場所能容忍的最高價格，來協助確保有最高度購買意願的消費者能夠得到票。」

若自由市場的論點是正確的，黃牛及代客排隊業者不應該因為妨礙排隊的正當性而遭到毀謗。他們應該要被讚揚才對，因為他們將價格被低估的財貨提供給付費意願最高的人，改善了社會效用。

⊙當市場倫理遇上排隊倫理

那麼，排隊倫理又是如何呢？為什麼要試著趕走中央公園或國會山莊的代客排隊者或黃牛呢？「公園裡的莎士比亞」發言人有以下的理由：「他們占據了原本要提供給非常渴望能親身參與並親眼觀賞這場表演的人的座位及門票。我們希望讓大家免費享有這樣的體驗。」

這個論點的第一部分有瑕疵。受雇代客排隊的人並不會造成入場觀賞表演的總人數減少，他們只是改變了能欣賞到這場表演的人。至於這位發言人所說的另一部分則是事實：代客排隊者所取得的票，原本應該流向那些排在隊伍後方、非常渴望欣賞這場表演的人。

可是到最後拿到這些票的人，其實也是很渴望能欣賞表演的人，這也是為什麼他們願意從荷包裡掏出一百二十五美元去雇用代客排隊者。

這位發言人想說的可能是：賣黃牛票對於沒有能力負擔一百二十五美元的人而言，是不公平的。黃牛票讓一般市井小民處於劣勢，他們因此比較難得到票。這個論點比較有力。只要代客排隊者或黃牛每拿到一張票，排在他們身後的隊伍中就少了一個人可以拿到票，而那或許是一個無力負擔黃牛票價位的人。

支持自由市場的人士可能會如此回應：若劇場真的希望觀眾席中都是非常渴望看到這場表演的人，並且想將演出所提供的愉悅感擴大到極致，那麼他們就應該會希望門票可以落在最珍惜這場演出的人手中，而那些人就是會付出最高代價去換取門票的人。所以，若想要讓舞台下坐滿可以從表演中獲得最高愉悅心情的觀眾，最好的方式就是讓自由市場發揮效用——以市場可容許的任何價位銷售門票，或是允許代客排隊者及黃牛把門票賣給出價最高的人。把門票分配給願意支付最高價的人，就是判斷誰最珍惜莎士比亞戲劇表演的最佳手段。

可是這個論點並不具說服力。即使你的目標是使社會效用達到最高點，自由市場恐怕還是不比排隊可靠，理由是：為某種財貨付錢的意願，並不能代表誰最珍惜該項財貨。這是因為市場價格所反映的，除了購買意願之外，更重要的還是購買能力。真正最想看莎士比亞戲劇或紅襪隊比賽的人，或許並沒有能力去買一張門票。反之，有時候，用最高價格取得門票的人或許根本就不在乎這個體驗。

例如，我就曾注意到，那些坐在棒球場高價區座位的人，往往都會遲到早退。這讓我不禁想問，他們到底有多關心棒球。他們購買本壘板後方座位的能力，或許跟他們的荷包多厚比較有關係，而無關乎他們對棒球有多少熱情。他們當然不會像有些球迷，尤其是年輕的球迷，雖然沒有能力購買包廂的票，卻對每位先發球員的平均打擊率如數家珍。由於市場價格所反映的除了購買意願之外，還有購買能力，所以市場價格其實是判斷誰最珍惜某樣特定財貨的不完美指標。

這是我們熟悉甚至也顯而易見的觀點，而它質疑經濟學家所抱持「市場必然優於排隊」的說法，該說法認為市場比較能讓最珍惜財貨的人得到該財貨。在某些情況下，站在隊伍中等待的意願，無論是要看戲還是看棒球，都比支付高價的意願，更能代表誰才是真正想要參與的人。

為黃牛辯護的人抱怨，排隊是「給予擁有最多空閒時間的人特殊待遇」。話是不錯，但同樣的邏輯也可以用在「市場給予擁有最多金錢的人特殊待遇」。如果說市場是根據付錢的能力及意願來分配財貨，那麼排隊就是根據等待的能力及意願來分配財貨，而我們沒有理由認定，為某項財貨花錢的意願，一定會比為該財貨等待的意願，更足以衡量該財貨對當事人的價值。

市場優於排隊的功利觀點是很容易出現的。有時候，市場的確能使財貨流向最珍惜該財貨的人手中，但有時候排隊也能達到同樣的目的。無論如何，市場或排隊孰者為佳，其實是個經驗問題，無法藉由抽象的經濟推論，預先回答。

⊙腐化是怎麼發生的？

不過，有關市場優於排隊的功利觀點，還可能遭遇更進一步、更基本的異議：功利並不是唯一要緊的考量。有些財貨除了能提供買方或賣方效用之外，還具備更多的價值。某項財貨如何被分配，或許就是該財貨之所以為該類財貨的部分原因。

再次思考公立劇場夏季莎士比亞劇免費演出的例子。發言人是這麼說的：「我們希望讓大家免費享有這樣的體驗。」這說明了該劇場反對雇用代客排隊者的立場。可是，為什麼呢？為什麼一旦門票是透過買賣取得，觀賞的體驗就會被破壞？當然，對於想欣賞表演卻買不起黃牛票的人而言，這種體驗的確會遭到傷害，但可能受傷害的不只是公平性而已。當免費的公立劇場表演被轉變為市場商品時，有某些東西就此消失了，那是比因價格而被迫無法參與者所感受到的失望更嚴重的一些東西。

公立劇場將免費的戶外演出視為一場公開的慶典，是獻給市民的慶祝活動。可以說，它是這個城市送給自己的一份禮物。當然，座位並不是無限的，因此並不是城市裡的每個人都可以隨意參與。但該組織的理念是，不需考量經濟能力，每個人都可以免費親近莎士比亞。門票收費或允許黃牛從這份禮物中牟利，與演出的初衷背道而馳，將一項大眾的慶典活動轉變為生意或私人獲利的工具。這就如同市政府要求市民付費觀賞國慶煙火一樣。

類似的考量也可以用來解釋在國會山莊收費代客排隊的問題何在。有一派的反對意見主張是關於公平性：富有的說客可以壟斷國會聽證會的市場，這是不公平的，因為如此一來，就剝奪了一般市民參與的機會。但不公平並不是這件事唯一的問題。假設說客在雇用代客排隊業者時支付了費用，而從該筆費用扣除的稅金被用來補助，將代客排隊服務的價位調降至一般市民可負擔的水準。補助的形式或許是可向代客排隊業者兌換的折扣券。像這樣的規畫或許可以稍稍舒緩現行制度的不公平，但更深層的問題還是存在，那就是：將進入國會殿堂的權利轉換為一件可銷售的產品，會破壞並貶低該產品。

從經濟學的角度來看，允許大眾免費參加國會聽證會，是「低估」了這項財貨，並導致排隊的現象。代客排隊產業則是藉由建立市場價格來糾正這種無效率的現象。它將聽證室中的座位分配給願意出最高價的人，只不過這是以錯誤的方式去珍惜代議政體這項財貨。

如果我們試問，為什麼國會一開始會考慮「低估」參加聽證會的資格，就可以看得比較清楚。假設國會決定，為了積極削減國債，特別將撥款委員會聽證會的第一排座位門票價格定為一千美元。許多人會反對，理由不只是因為這樣的門票費用對無力負擔的人而言不公平，而且國會對想參加聽證會的民眾收取費用，可以說是一種腐化。

我們常會將腐化與不義之財聯想在一起。腐化指的其實不只是賄賂和非法付款。**若要腐化某種財貨或社會事務，就是去降低其層次，也就是以較低、而非適當的衡量模式來看待它**。從這個觀點而言，對國會聽證會的門票收費，就是一種腐化，因為它把國會當成了一門行業，而不是代議政體的機構。

犬儒之士也許會說，國會早就是一門行業了，它早就經常性地出賣影響力及特權給特殊利益團體，所以，何不公開承認並且乾脆收取門票費用呢？答案是：遊說、關說，以及假公濟私等困擾國會多時的現象，也都是腐化的例子，它們代表著政府在公眾利益上的墮落。任何對腐化的指控，所隱含的概念就是該機構（此處是指國會）有其該適切追求的目標與結果。從這個角度而言，從遊說產業延伸而來的國會山莊代客排隊產業，就是腐化的。它並未違法，而且收取費用的行為也都是公開的，但是卻因為它將國會視為私人獲利的來源而非公共財，而貶低了國會。

⊙黃牛票有什麼錯？

為什麼有些付費插隊、代客排隊和賣黃牛票的行為，會讓我們覺得要不得，但有些又不會？理由是：市場價值會對某些財貨造成腐化，但是對另一些財貨卻不會。當我們在判斷某一項財貨是否應該根據市場、排隊或其他方式來分配時，必須先搞清楚，那到底是什麼樣的財貨，以及我們應該如何衡量它。

要搞清楚這個問題並不容易。我們可以想想最近發生黃牛哄抬價格現象的「低估」財貨的三個例子：優勝美地國家公園的營區、由教宗本篤十六世所帶領的露天彌撒，以及史普林斯汀（Bruce Springsteen）的現場演唱會。

⊙優勝美地營區的價位哄抬

加州的優勝美地國家公園，每年都會吸引逾四百萬名遊客前來。其主要營區中有九百個是可以事先預約的，一晚的費用只要二十美元。遊客可以透過電話或網路預約，開放預約的時間從每月十五日的早上七點鐘起，最早可提前五個月預約。該營區可說是一位難求。由於需求極為殷切，每到夏天尤其搶手，所以營區通常在開放預約後的幾分鐘之內就會全被訂光。

二〇一一年《沙加緬度蜜蜂報》報導，黃牛在Craigslist網站上拍賣優勝美地的營區，每晚一百至一百五十美元不等。禁止轉賣預約的國家公園服務處接到大量對黃牛的投訴之後，試圖遏止這種非法的交易。若根據標準的市場邏輯，並沒有出現很明確應該阻止的理由，因為如果國家公園服務處希望把社會自優勝美地獲得的福祉擴大到最高極限，它就應該會希望將營區提供給最珍惜此露營經驗的人來使用。至於如何判斷誰是最珍惜的人？就是根據遊客付款意願的強度。因此，服務處與其試圖打擊黃牛，還不如歡迎黃牛才對。或者，它應該將預約營地的費用調高至市場供需平衡的價格水準，以消除過高的需求。

可是大眾對優勝美地黃牛的憤怒推翻了這個市場邏輯。揭露這則新聞的報紙刊登了一篇以「黃牛肆虐優勝美地：難道已經沒有神聖的事物了嗎？」為標題的社論，譴責黃牛。它將黃牛視為應該予以防範的騙局，而不是對社會效用的服務。社論指出：「優勝美地的奇景屬於我們每一個人，而不只是那些有能力多付一些錢給黃牛的人。」

對優勝美地營區黃牛產生敵意的背後，其實有兩項反對的理由。其一是關於公平性，另一則是關於珍惜國家公園的適當方式。第一項反對是擔心黃牛的存在，對所得較低而無力負擔一晚一百五十美元營地費用的人而言，是不公平的。第二項反對則隱含在社論的反問句（「難道已經沒有神聖的事物了嗎？」）當中，所透露出的觀點則是，有些事物是不應該拿來銷售的。根據這個觀點，國家公園不只是供人使用的物品或社會效用的來源，它們是擁有自然奇觀及美景之地，值得讚賞和景仰，而任由黃牛去拍賣這個地方的使用權，似乎是一種褻瀆。

⊙教宗彌撒的黃牛票

還有另一個市場價值與神聖事物衝撞的例子：教宗本篤十六世首度訪問美國時，他在紐約市及華盛頓特區的體育場主持的彌撒一位難求。即使是如洋基體育場般的場地也無法容納所有想來參加的人。免費的門票透過天主教主教轄區及當地教區發出。當無可避免的黃牛票出現時——網路上一張票可賣到二百美元——教堂的行政人員出面譴責。他們所根據的理由是：參與宗教儀式的機會，不應該拿來買賣。教堂的女性發言人表示：「不應該有門票市場。因為你不能花錢去慶祝聖典。」

向黃牛買票的人可能不會同意這一點，因為他們成功地花錢慶祝聖典。可是我認為，教堂的發言人希望能提出不同的觀點：雖然透過向黃牛買票的確可以獲得參加教宗彌撒的機會，但如果這種經驗是可以出售的話，聖典的精神就會遭到玷汙。將宗教儀式或自然奇景視為可於市場上行銷的商品，就是有失敬意；將神聖的事物變成獲利的工具，就是以錯誤的方式在珍惜它們。

⊙搖滾歌手的平價演唱會

不過，如果是具有部分商業性質的活動呢？二〇〇九年，搖滾樂手「工人皇帝」史普林斯汀在他的家鄉紐澤西舉辦了兩場演唱會。他將最高票價定為九十五美元。其實即便他把票價再提高更多，演唱會也一定會爆滿。這種平抑票價的決策造成黃牛票的猖獗，並且使史普林斯汀無端被剝奪了許多收入——滾石樂團最近的巡迴演唱會，最好的座位票價高達四百五十美元。研究前一場史普林斯汀演唱會票價的經濟學家發現，史普林斯汀將門票價位定在低於市場行情的水準，所以當晚等於是白白放棄了四百萬美元的票房收入。

那麼為什麼他不把票價定在市場行情價呢？對史普林斯汀而言，將票價維持在相對低的水準，是表達他信守對勞工階級歌迷的承諾，也展示了他對演唱會的內涵有特定的了解。演唱會是一項營利的活動，這點無庸置疑，但營利只是其中一部分，演唱會也是歡樂慶祝的活動，其成功與否端視觀眾的特質與組成。表演者演出的不只是歌曲，還包括表演者與觀眾之間的關係，以及他們共同營造出來的精神。

《紐約客》雜誌中，有一篇文章討論搖滾演唱會的經濟學，西布魯克（John

Seabrook）指出，現場演唱會並不完全是商品或市場貨品；如果視之為商品或市場貨品，就是貶低了它們。他說：「唱片是商品，演唱會則是社會事件。若試圖將這種現場的經驗化為商品，就有破壞掉整個經驗的風險。」他引用研究史普林斯汀演唱會票價的經濟學家克魯格（Alan Krueger）的話：「搖滾演唱會仍擁有一種比較像派對，而不是商品市場的特質。」克魯格解釋，史普林斯汀演唱會的門票不只是一件市場貨品，就某個角度而言，它是一份禮物。如果史普林斯汀把票價定在市場可以忍受的最高水準，就會破壞他與粉絲之間的禮物關係。

可能有人會認為這不過是在搞公關，是一種放棄今天部分收入以維持聲譽，藉以將長期營收擴大到最高點的策略罷了。不過這並不是唯一合理的解釋。或許史普林斯汀相信，而且他這麼相信是對的：將自己的現場演出視為純粹市場貨品的話，就會貶低這場演出，也就是以錯誤的方式去珍惜它。至少從這個角度看，他可能與教宗本篤十六世具有相同之處。

⊙排隊的倫理正在消失

我們已經仔細思考過幾種付費插隊的方法，例如雇用代客排隊者、買黃牛票、直接向航空公司或主題樂園等業者購買插隊的特權，前述的每一種交易都會以市場倫理（付錢買較快的服務）取代排隊倫理（先到先服務）。

市場及排隊——付錢及等待——是分配事物的兩種不同方式，而且每一種適合的活動各不相同。排隊的倫理——先到先服務——具有平等主義的吸引力，它要求我們至少針對某些特定的目標，不要理會特權、權勢與豐厚的荷包。「等待輪到你的時候」或「不要插隊」都是我們從小常被告誡的原則。

這樣的原則似乎很適用於遊樂場、公車站，以及戲院或棒球場的公廁的排隊隊伍。我們很討厭有人在我們前方插隊。若是有人因為緊急需要而要求插隊，大多數的人都會同意。可是如果在隊伍最後方的人給我們十美元，要求和我們換位子，或是如果主其事者在緊鄰免費隊伍旁設置一條快速付費廁所通道，開放給比較有錢（或非常急切）的客戶，我們都會覺得很奇怪。

不過，排隊的倫理並不是放諸四海皆準。如果我要賣房子，我並沒有只因為那是第一個出價就非得接受它的義務。賣房子和等公車是不同的活動，當然也由不同的基準所規範。沒有理由認定，無論是排隊或付費，要以任何單一的原則來決定所有財貨的分配。

有時候基準會改變，而且我們不確定哪一個原則會勝出。回想一下，不管你打電話到銀行、HMO（健康維護組織）或有線電視業者，你所聽到不斷重複的電話錄音都是這麼說的：「您的電話會按照來電順序依次接聽。」這就是排隊倫理的本質，彷彿業者試著用公平來安撫我們等候時的不耐。

可是我們也不能太相信這段電話錄音。有些人的電話就是會比別人快一點被接聽，或許你會稱之為電話插隊。有愈來愈多的銀行、航空公司和信用卡公司會提供專線電話給他們的最佳客戶，或是把這類客戶的電話轉接到菁英電話中心，以加快處理速度。業者能利用電話中心的科技判別來電者的身分，並給予來自較富裕地區的來電較快速的服務。達美航空最近提供常客貴賓一種極具爭議性的獎勵：貴賓可以選擇多付五美元，他們的電話就可以轉接到美國境內的客戶服務中心，而不是位於印度的電話客服中心。大眾的反對聲浪迫使達美航空放棄了這個想法。

先接聽你最佳（或最具潛力）客戶的電話，有哪裡不對嗎？那要看你賣的是什麼東西。他們打來是為了一筆透支的手續費？還是盲腸切除手術？

當然，市場及排隊並不是分配事物的唯一手段。有些根據優點，有些是按照需求，有些則是透過抽籤或運氣。大學通常不會因為學生最早提出申請或繳最多錢就允許他們入學，大學要吸收的是具有最多才能與前途最被看好的學生。醫院急診室診治病患的順序，則是根據病患症狀的危急程度，而不是其抵達的先後順序或支付額外費用的意願。陪審團成員的責任是根據抽籤來決定，如果你被召喚擔任陪審團成員，就不能付錢請別人頂替。

市場取代了排隊，以及其他非市場式的財貨分配，這種趨勢幾乎已經滲入現代生活的各個層面，使得我們幾乎不再特別注意到這個現象。令人驚訝的是，我們前面所討論的絕大多數付費插隊的方案，無論是在機場或主題樂園、在莎士比亞戲劇節或國會聽證會、在電話客服中心或醫師診所、在高速公路或國家公園，都是近年來才有的發展，而這些都是三十年前完全無法想像的事。在這幾個領域中排隊的式微，或許看起來是個有趣的擔憂，但市場可不只是侵入這幾個地方而已。

第 2 章 ／ 獎勵

發放現金鼓勵女人絕育、學生唸書，
出售汙染或射殺黑犀牛的權利……
當我們開始買賣那些根本不應該拿來出售的事物，
將可能造成腐化，也就是降低層次，以較低、
而非適當的衡量模式來看待這些事物。

⊙鼓勵絕育的獎金

每年，有數十萬個新生兒是由有毒癮的母親所生下來的。其中有些新生兒一出生就有毒癮，而且他們絕大多數，日後都會遭到虐待或疏於照顧的命運。北卡羅萊納州慈善機構「防治計畫」（Project Prevention）的創辦人哈里絲（Barbara Harris）想到一種以市場為基礎的解決之道：有毒癮的女人如果願意接受絕育或長期節育計畫的話，就可以得到三百美元。自從她一九九七年實施這項計畫以來，已經有超過三千名女人接受了這項建議。

有人批評這項計畫為「道德上應予以譴責」，是一種「絕育的賄賂」。他們指出，提供有毒癮的人經濟上的誘惑，要她們放棄生育能力，就等於是強制行為，特別因為這項計畫是以居住於貧困地區的弱勢婦女為目標。評論者指出，這些錢不是用來幫助收受者克服她們的毒癮問題，反而是用來補貼。正如這項計畫的宣傳海報上所說的：「別讓懷孕破壞了妳的吸毒習慣。」

哈里絲承認，她的客戶的確常拿這些現金去買更多的毒品。可是，她相信這是為了預防孩子被有毒癮的母親生下所付出的小小代價。有些接受獎勵金的女人，之前已經懷孕過十幾次或更多，許多人早就已經有不只一個孩子是在寄養機構中生活。哈里絲問：「女人生育的權利為什麼比孩子過正常生活的權利更重要？」她是根據自己的經驗才這麼說的。

她和她先生收養了四個小孩，這四個孩子的母親有毒癮，住在洛杉磯，她說：「我會盡一切可能避免孩子受苦。我認為任何人都沒有權利將自己的毒癮強加於另一個人身上。」

二〇一〇年，哈里絲將她的獎勵計畫帶到英國。這個以現金獎勵絕育的想法，遭到英國媒體強烈的反對——《電訊報》中有篇文章稱之為「令人不寒而慄的提案」。英國醫學協會的反對聲浪也很高。哈里絲沒被嚇倒，反而將版圖進一步擴大至肯亞。她在肯亞付給人類免疫缺乏病毒（HIV）陽性的女人四十美元，只要她們去裝長效避孕器——子宮環。在哈里絲下一步計畫要去的肯亞及南非，當地醫療官員及人權分子已經表達了憤怒與反對。

若從市場推論的角度而言，這個計畫會激起眾怒是令人費解的。雖然有評論家指出，這個現金獎勵絕育計畫讓他們聯想到納粹的優生學，但其實該計畫是存在於兩個當事人之間的自願非正式協議。這個計畫無關乎國家，而且沒有人是在違背自己意志的情況下進行絕育手術。有些人主張，需錢孔急的毒癮者，在不費功夫的金錢送上門來時，並沒有能力做出真正自覺的選擇。不過哈里絲則指出，既然這些人的判斷力是如此嚴重失能，那又怎能期待她們在生養小孩時能做出明智的決定呢？

這項被視為「市場交易」的協議，為雙方創造了利益，並增加了社會效用。毒癮者放棄生育能力，換得三百美元的現金。哈里絲及她的組織則以這三百美元，確保毒癮者未來不會再生出毒癮寶寶。根據標準的市場邏輯，這種交易是有經濟效率的。它將財貨（此處是指對毒癮者生育力的控制）交給願意支付最高代價的人（哈里絲），她也是理應會最珍惜這項財貨的人。

那麼，為什麼這件事會鬧得如此沸沸揚揚的呢？有兩個理由。這兩個理由合起來，可以依稀看出市場推論的道德極限。有人批評以現金獎勵絕育是一種強制手段，也有人認為那屬於賄賂。這兩種反對的論點其實是不同的，它們各自以不同理由，抗拒市場延伸至其不應歸屬之處。

反對強制手段者擔心，有毒癮的婦女在同意為了錢而絕育時，其實並不是出於自由意志。雖然沒有人拿槍指著她們的頭，但金錢的誘惑力可能大到令她們無法抗拒。在毒癮以及通常更普遍的貧困處境之下，以絕育換取三百美元的決定，可能稱不上是真正自主的決定。實際上，她們可能是迫於現實需求才這麼做的。當然，構成強制手段的條件是基於什麼樣的誘導，以及身處什麼樣的情境，每個人的看法不同。為了衡量任一市場交易的道德狀態，我們必須先問：在什麼樣的情況下，市場關係可以反映出有選擇的自由？而在什麼樣的情況下，又會具有強制的作用？

反對賄賂又是另一回事。反對賄賂者關注的並不是在什麼樣的情況下達成交易，而是被買賣的財貨本質為何。仔細考量一般典型的賄賂。若是有一個寡廉鮮恥的人賄賂某位法官或政府官員，藉此獲得非法利益或方便，那麼這項無恥的交易就可能完全是出乎自己的意願。雙方都不是被強迫的，雙方也都可能會獲利。賄賂之所以令人反感，並不是因為它具有強制性，而是因為它的腐化。腐化是在於買賣那些根本不應該拿來出售的東西（例如有利於己的判決或政治影響力）。

我們常會將腐化、墮落的詞彙，與非法賄賂公務人員聯想在一起，可是就如同我們在第一章中看到的，腐化還具有範圍更廣的意涵：若是我們以低於其應屬的標準來看待一項財貨，腐化或墮落就發生了。舉一個比較極端的例子，若生孩子只是為了把他們賣掉賺錢，就是親子關係的腐化和墮落，因為這樣做是把孩子視為可利用之物，而不是可疼惜之人。政治上的墮落也可以這樣看。若某位法官接受賄賂而做出不道德的判決，就等於是把他的權威當成換取私人利益的工具，而不是在公眾面前的威信。用低於適當的標準去看待自己的工作，就是在貶低所屬的部門。

指控「現金換絕育」計畫是一種賄賂，背後存在著對腐化和墮落較廣義的概念。指稱這種行為是賄賂的人認為，無論這項交易是否具有強制性，它就是腐化和墮落，而這個事件中的雙方——買方（哈里絲）及賣方（毒癮者）——都從錯誤的角度在看待被賣的財貨（賣方孕育孩子的能力）。哈里絲將有毒癮及HIV陽性的女人視為一部損壞了的嬰兒製造機，這種機器只要付點錢就可以讓它關機。至於那些接受哈里絲條件的婦女，則是默許了自己被貶低。這就是指控這項賄賂的道德力量。那些為了錢而進行絕育手術的人，就如同貪瀆的法官或公務人員，是在賣一種根本不該拿出來賣的東西。她們將自己的生育能力視為換取金錢的工具，而不是一種在責任及關懷的基準之下所行使的禮物或信任。

可能有人會質疑，這樣的類比是有瑕疵的。接受賄賂並做出不道德判決的法官，所賣的並不是他自己擁有的東西，因為判決並不是他的財產。但是同意接受絕育手術以換取金錢的女人，則是在賣屬於她自己的東西——名義上來說是她的生育能力。若不考慮金錢的因素，女人選擇進行絕育手術（或不生孩子），一點錯都沒有。可是法官即使在沒有接受賄賂的情況下，做出不公平的判決也是有錯的。有些人會指出，既然女人有權因私人理由而放棄生育孩子的能力，她必然也有權為了錢這麼做。

如果我們接受這樣的論點，那麼現金換絕育的交易就根本不是賄賂了。所以，為了判斷到底女人的生育能力是否該付諸市場交易，我們必須先問這是什麼樣的財貨：我們應該視身體為私人的財產，並且可以根據自己的意願予以使用或處置嗎？或我們可以濫用身體到自暴自棄的程度嗎？這個巨大而深具爭議性的問題，也引發了對賣淫、代理孕母，以及買賣卵子或精子的討論。若要決定市場關係是否適用於這類範疇，我們必須先搞清楚，該使用哪些基準來規範我們的性與生殖生活。

⊙經濟學家的生活分析

絕大多數的經濟學家都不喜歡處理道德問題，至少不想從自己身為經濟學家的角色來探討。他們說，他們的工作是解釋而非評斷人們的行為。他們堅稱，自己的工作不是去告訴別人，應該以什麼樣的基準來規範這項或那項活動，或是應該珍惜這種或那種財貨。價格體系是根據人們的好惡來分配財貨，而不去評斷那些好惡是否有價值、是否令人讚揚、是否適合現狀等。雖然經濟學家有這樣的抗拒，但是他們愈來愈常發現自己被捲入道德的議題中。

之所以會有這種現象，是基於兩個原因：其一是反映出世界的變遷，其二則是經濟學家理解其議題的方式有所改變。

最近幾十年來，市場與以市場為導向的思考，已經深入過去一向由非市場基準所規範的生活各層面。我們為非經濟性的財貨定出價格的情況愈來愈多。哈里絲三百美元的開價，就是這股趨勢的一個案例。

同一時間，經濟學家也在重新規畫他們的研究範疇，希望使其發展得更抽象也更具重要性。過去，經濟學家研究的是明確的經濟主題——通貨膨脹及失業、儲蓄及投資、利率及外貿等。他們會解釋某些國家是如何變得富裕，以及價格體系是如何調節豬腩期貨與其他市場財貨的供需關係。

不過，最近有許多經濟學家為自己設定了更富野心的計畫。他們指出，經濟學所提供的不只是一套關於有形財貨的生產及消費的見解，還包括人類行為的科學。這門科學的核心就是一個簡單但全面性的觀點：在生活各領域，人類的行為可以根據某種假設而予以解釋，那就是人們會衡量在他們面前各選項的成本及利益，然後再決定怎麼做。人們會選擇他們深信將可為自己帶來最大福祉或效用的那個選項。

如果這個觀點是正確的，那麼每樣東西都會有它的價格。價格可能很明顯，例如汽車或烤麵包機或豬腩，但也可能不那麼明確，例如性、婚姻、兒童、教育、犯罪活動、種族歧視、政治參與、環保，甚至人的生命。無論我們是否意識到，供需法則是規範所有事物的規則。

這種觀點最具影響力的報告，是由芝加哥大學經濟學家貝克（Gary Becker）所提出。他在一九七六年出版的《人類行為的經濟分析》中，反對經濟學是「有形財貨分配的研究」這種老派想法。他指出，傳統觀點的堅持是基於「不願將特定的人類行為交由經濟學進行『僵化』的演算」。貝克希望能讓我們放棄那種抗拒。

貝克認為，人無論做什麼事，都是為了使其福祉擴大到最高限度。這項假設「被義無反顧地使用」，成為人類行為「經濟分析的核心」。無論牽涉到哪些財貨，這種經濟分析都適用，它解釋了生與死的決定，以及「咖啡品牌的選擇」；它也適用於擇偶，或僅僅只是採購一桶油漆。貝克還說：「我得出一個論點，那就是，這種經濟分析是綜合性的，它適用於所有人類行為——無論牽涉到的是貨幣價格或隱藏性價格、重複或少有的決定、或大或小的決定、情緒性或機械性、富有或貧窮的人、男人或女人、成人或孩童、聰明或愚笨的人、病患或治療師、生意人或政客、教師或學生。」

貝克並未主張，病患及治療師、生意人及政客、教師及學生都真正了解自己的決定是由經濟規則所規範，但那只是因為我們往往看不到自己行動的真正源頭。「經濟分析並不假定」人們「必然會意識到他們在追求最大福祉的努力，或是可以具體說明，或是能用知性方式來描述」他們行為背後的理由。然而，那些目光銳利地在每一種人類處境中尋找隱含價格的人，可以看出我們所有的行為，無論多麼抽象，都還是可以用成本和效益的理性計算來解釋與預測。

貝克以對婚姻及離婚的經濟分析為例來說明他的主張：

根據該經濟分析，一個人在婚姻的預期效用大於維持單身或繼續搜尋更適當人選時，就會決定要結婚。同樣地，已婚者在預期恢復單身或與另一人結婚的效益，高於因離婚——包括離開自己的孩子、共有財產的分割、法律費用等——所損失的效益時，就會決定結束婚姻。因為在尋找伴侶的人為數眾多，因此可以說婚姻市場的確是存在的。

有些人會認為，這種計算的觀點會抹殺婚姻中的浪漫。他們指出，愛、義務及承諾都是不能淪為以貨幣計算的理想。他們堅持好的婚姻是無價的，也是錢買不到的東西。

對貝克而言，這是阻礙清晰思考的一種感傷。他寫道，「具有值得讚賞的獨創性，只可惜沒有運用在更好的地方」，那些抗拒經濟分析的人認為，人類的行為是由「無知、非理性、價值及經常無法解釋的轉變、順著社會基準而生的風俗及傳統」所導致的混亂而無法預測的結果。貝克對這種混亂感到不耐。他相信只要一心專注於所得及價格效應，就可以為社會科學建立更堅實的基礎。

我們是否能以市場的概念來解釋所有人類行為？經濟學家、政治科學家、法律學者都持續在辯論這個問題。但令人吃驚的是，這個概念竟已達到如此強大的地步，不僅在學術界，日常生活中亦然。過去幾十年來，社會關係以市場關係的面貌呈現，已達到令人難以置信的程度。這種轉變的其中一個現象就是，以金錢的誘因來解決社會問題的情況變得愈來愈多。

⊙用現金獎賞好成績

付錢叫人去動絕育手術是個很大膽的例子。這裡還有一個例子：美國境內的各個學區，都試圖藉由提供獎金給在標準測驗中成績優異的孩子，以改善學業成績。認為現金誘因可以解決學校所面臨的問題的這種想法，逐漸在美國的教育改革運動中成形。

我以前就讀的是位於加州太平洋帕利塞德的公立高中。當時我偶爾會聽說，有的孩子只要成績單裡每得一個A，父母就會給他獎金。我們大多數的人都會覺得這很丟臉，可是當時沒有人會想到，有一天連學校也會付錢換好成績。我倒是記得，洛杉磯道奇隊那幾年的宣傳活動就是提供免費門票給登上榮譽榜的高中生。我們當然並不反對這個計畫，而且我和朋友還因此去看了不少場球賽。不過並沒有人認為那是一種誘因，大家都覺得那是不足掛齒的小東西。

現在情況大不相同了。獎金制度已被視為教育改革的重要關鍵，尤其是對那些住在郊區、表現不佳的學區學生。

最近有一期《時代》雜誌的封面，就直率地提出了這個問題：「學校應該賄賂孩子嗎？」有些人認為，這完全要看賄賂有沒有效。

哈佛大學經濟學教授佛萊爾（Roland Fryer Jr.）正努力想找出答案。佛萊爾是非裔美國人，在佛羅里達州及德州惡劣的住宅區長大。他相信獎金制度可能可以幫助大都市中貧民區的孩子。他在基金會的支持下，於美國最大的幾個學區裡實驗他的想法。從二〇〇七年開始，他的計畫付出了六百三十萬美元給二百六十一個都會區學校的學生。這些學校的學生主要都是來自非裔及西語系的低收入家庭。各個城市使用的獎金制度都不相同。

- 參與這項計畫的紐約市學校，會發給在標準測驗中成績優良的四年級學生二十五美元。七年級學生每次考試可得到五十美元，他們每位平均可以得到總金額二三一・五五美元。
- 位於華盛頓特區的學校，中學學生只要全勤、行為良好或交作業，學校就會給現金獎勵。認真的學生每兩個星期就可以得到一百美元之多。一般學生每兩星期可以得到約四十美元的現金，整個學年可以得到五三二・八五美元。
- 芝加哥的學校提供九年級學生成績優良獎學金：拿A可得五十美元、拿B可得三十五美元、拿C可得二十美元。最頂尖的學生，一學年可以拿到相當可觀的一千八百七十五美元。
- 德州達拉斯的小學二年級學生，只要看完一本書，學校就會付他們二美元。學生得在電腦上完成一份試題，證明他們真的看過那本書，才能領到現金。

獎金的效果錯綜不一。紐約市付錢給考高分的學生，但這樣做並沒有改進他們的學業成績。芝加哥付給成績優良學生的獎金，改善了出勤率，但標準測驗的成績並未進步。華盛頓特區學校的獎金幫助了部分學生（西語系、男生，以及有行為問題的學生）擁有較高的閱讀能力。獎金效果最好的是達拉斯的二年級學生，那些每讀一本書就可拿到二美元的小朋友，到了年底成為閱讀能力最好的學生。

佛萊爾的計畫，是近年來許多提供孩子獎金以改善其在校表現的嘗試之一。另一個類似的方案是「大學先修課程」（Advanced Placement，簡稱AP）測驗成績優異獎金。高中生透過修習先修課程，提前挑戰大學程度的數學、歷史、自然學科、英文等科目。一九九六年，德州首創先修課程獎勵方案，提供通過大學先修課程測驗（成績三分以上）的學生一百至五百美元不等（視學校而定）的獎金。教師也能獲得獎賞；每一個通過測驗的學生，其教師可以獲得一百至五百美元不等的獎金，此外還有額外的薪資津貼。這項獎金方案目前已在德州的六十所高中實施，目標是幫助少數族裔及低收入家庭的學生預先準備進大學。目前已有十幾個州提供學生及教師成功通過大學先修課程測驗的獎金。

有些獎金方案其實是以教師，而非學生為對象。雖然教師聯盟對於付錢改善績效的建議存有疑慮，但選民、政客與某些教育改革者，還滿樂於看到這種付錢給學生學業成績良好的教師的做法。二〇〇五年以後，丹佛、紐約市、華盛頓特區、吉爾佛郡、北卡羅萊納，以及休斯頓的學區，都開始實施給教師的獎金計畫。二〇〇六年，美國國會設立教師獎勵基金，以提供表現不佳學校的教師依績效支付的獎金；歐巴馬政府還增加對該方案的補助。最近奈許維爾地區也有一個民間資助的獎勵計畫，若中學數學教師能改善學生的數學成績，就可得到最高一萬五千美元的獎金。

奈許維爾的獎金雖然相當可觀，但實際上對學生的數學成績一點影響也沒有。不過德州等地方的大學先修課程獎金方案，卻有很好的效果。包括來自低收入家庭及少數族裔背景的學生，受到鼓勵去修大學先修課程的人數比以往多，其中有許多學生都通過標準測驗，因而取得大學的學分。這是非常好的現象，不過這個現象並不符合獎金的標準經濟觀點：你付的錢愈多，學生就會愈用功，成果也會愈好。事情其實比這個更複雜。

成功的大學先修課程獎勵方案，不只提供現金給教師及學生，也改造了學校文化與學生對學業成績的態度。這種方案提供教師特別訓練、實驗設備，以及在課後及週六有組織的家教課等。麻薩諸塞州渥契斯特地區的一所學校，甚至對所有學生，而不是僅限於預先篩選的菁英，開放大學先修課程。學校還用饒舌歌手的海報吸引學生參與，「讓那些穿著垮褲、崇拜小韋恩等饒舌歌手的男生認為，去選這種最難的課很酷」。通過這項測驗所領到的一百美元獎金固然是一股動力，但這一百美元的宣示意義比金錢本身更多。一個成功的學生告訴《紐約時報》：「這筆錢很酷。是很棒的贈品。」該方案所提供的每週兩次課後輔導課程和週六八小時的課程也很有助益。

有位經濟學家仔細審視德州低收入地區學校的大學先修課程獎金方案，發現了一個很有趣的現象：該方案的確成功地提升了學業成績，但並不是走標準「價格效應」所預測的路線（你付的愈多，學生的成績愈好）。雖然有些學校支付通過大學先修課程測驗的學生一百美元，有些學校則付到五百美元之多，但付錢較多的學校，學生的測驗成績未必就一定比較好。該研究報告的撰寫人傑克森（C. Kirabo Jackson）認為，學生與教師「並不只是朝收益最大化的目標行事」。

那麼這到底是怎麼回事呢？這筆錢具有宣示的效應——塑造大家覺得學業成績好很「酷」，這就是為什麼獎金的金額並不具有決定性。雖然大多數學校只針對英文、數學和自然學科的大學先修課程提供獎金，但這個獎金方案也同時導致選修歷史、社會等大學先修課程的學生人數增加。大學先修課程獎金方案的成功，不在於賄賂學生達到特定的成就，而是改變了他們面對成就的態度與校風。

⊙賄賂人追求健康

健康醫療是施行獎金制度也很風行的另一個領域。有愈來愈多的醫師、保險業者及雇主開始付錢，希望人們能維持健康——吃他們的藥、戒菸、減重等。你或許以為避免疾病或威脅生命的病痛本身應該已具備足夠的動力了，但令人意外地，事實並非如此。有三分之一至二分之一的病患不會吃醫生開給他們的藥。若是他們病情惡化，會造成每年健康醫療成本增加額外的數十億美元，所以醫師和保險業者現在也會提供獎金，鼓勵病患吃藥。

在費城，服用醫師所開立 warfarin 處方（一種抗凝血藥物）的病患，可以獲得十至一百美元不等的獎金。（有個電腦化的藥盒會記錄病患是否服藥，也會告訴他們當天是否得到獎金。）這項獎勵計畫的參與者，只要能遵照醫囑服藥，平均每個月可得到九十美元。在英國，有些躁鬱症或思覺失調症的病患，只要在每個月該注射抗精神病藥劑時回診，就可以得到十五英鎊。少女若是去注射可保護她們不因性行為而感染子宮頸癌的疫苗，就可得到四十五英鎊的購物禮券。

對提供員工保險福利的公司而言，員工抽菸會導致成本大幅增加。二〇〇九年，奇異公司開始付錢要求部分員工戒菸——如果員工能戒菸一年的話，就可以得到七百五十美元。由於成效非常好，奇異公司已經把這項措施擴大至所有的美國員工。Safeway 連鎖超市會針對不抽菸，以及能控制體重、血壓及膽固醇數字的員工，提供較低保險費的優惠。有愈來愈多的公司，開始恩威並施地激勵員工改善健康。有八〇%的美國大型企業現在都提供獎金給參與健康計畫的員工，而幾乎有近一半的業者會處罰健康生活習慣不佳的員工，通常所採用的手段就是扣取較高的健康保險費。

減重可以說是獎金實驗中最誘人卻也最難達成的目標。美國國家廣播公司（ＮＢＣ）真人實境秀「減重冠軍」，將當今付錢讓人減重的狂熱加以戲劇化。該節目提供高達二十五萬美元的獎金給當季按比例減重幅度最高的參賽者。

醫師、研究學者及雇主則試著採取比較中庸的獎勵措施。美國的一項研究顯示，約數百美元的獎金就可激勵過重的參與者在四個月內減掉約十四磅（約六公斤）。（很可惜，後來證實這種減重只是暫時的。）英國的「全國健保服務」將其預算的五％用來治療肥胖相關疾病。該機構曾嘗試付錢給超重民眾，最高達四百二十五英鎊，要求他們減重並維持兩年不復胖。這項計畫名稱為「一磅換一鎊」。

對於付錢讓人們保持健康的這種行為，我們可以提出兩個問題：有效嗎？有應該反對之處嗎？

從經濟學的觀點來看，付錢讓人們保持健康，是個簡單的成本與效益問題。唯一真正的問題是，這項獎勵措施到底有沒有效。如果金錢能夠激勵人們按時服藥、戒菸或上健身房，因而得以降低日後高昂的醫療費用，為什麼要反對呢？

然而還是有很多人反對。利用獎金來推動健康的行為，引發了強烈的道德爭議。其中一個反對論點是關於公平性，另一個則是關於賄賂。關於公平性的反對聲浪，在政治光譜中的兩極，各以不同的方式表達。有些保守派人士指出，過重的人應該自己減重，付錢（尤其是用納稅人的錢）讓他們減重，就是用不公平的方式獎賞懶散的行為。這些評論家認為獎金「獎勵的是放縱，而不是某種形式的治療」。在這股反對聲浪的背後，是「我們每個人都可以控制自己體重」的觀點，所以付錢給那些自己做不到的人，是不公平的——尤其如果這些經費是來自全國健保服務時，更是如此。就英國而言，有時候經費的確是來自全國健保服務。

某些自由派人士則表達了相反的擔憂：對維持健康者提供獎金（對不健康者施予處罰），可能會在不公平的情況下，造成那些無法掌控自己醫療狀況的人陷入不利的境地。對於那些不是因為自己過失，或先天就比較不健康並因此承受較大風險的人而言，允許企業或健康保險業者在制訂保險費率時，對健康與不健康者施予差別待遇，是不公平的。給每個人參加健身房的折扣是一回事，但根據許多人自己無法掌控的健康狀況來設立保險費率，又是另外一回事。

關於賄賂的反對論點，則比較難理解。媒體常會稱健康獎金為賄賂，但它們真的是賄賂嗎？在絕育獎金計畫的案例中，賄賂行為的確很明顯：給女人錢，讓她們不是為了自己，而是為了一個外在的目的去放棄生育能力。這個外在目的是避免生出更多的毒癮寶寶。至少在很多案例中，她們是拿了錢，去做一件違反她們自身利益的事。

但是用獎金去幫助人們戒菸或減重的情況又不相同了。無論能達成什麼樣的外在目標（例如降低企業或全國健保服務的健康醫療成本），這筆錢所鼓勵的是對接受者有利的健康行為。所以，這怎麼能算是賄賂呢？或者，再問一個略為不同的問題：雖然健康的行為對收受賄賂的人有利，為什麼又似乎符合賄賂的指控呢？

我想之所以會符合，主要是因為我們懷疑，金錢的動機掩蓋了其他比較好的動機。以下就是解釋：良好的健康不只是達到正確的膽固醇水準或身體質量指數（ＢＭＩ），它也是關於培養對我們身體健康的態度，以及以關心並尊重的方式來對待自己的身體。付錢要人們服藥，對於培養這種態度幾乎毫無助益，甚至可能會造成傷害。

這是因為賄賂來自於人為操控。它繞過了遊說，以外在理由取代內在理由。「你對自己健康的關心程度不足以使你願意戒菸或減重？那我付你七百五十美元，你就做了吧！」

與健康相關的賄賂，誘導我們去做一些反正本來就應該做的事，誘導我們基於錯誤的理由去做正確的事。有時候，被這樣誘導反而對我們有幫助。自己一個人戒菸或減重很不容易，但最終我們還是應該克服人為的操控，否則賄賂就會上癮。

如果賄賂健康有用，那麼擔心它腐化對健康的良好態度，似乎是一種無可救藥的高尚。如果金錢可以解決肥胖的問題，為什麼要拘泥於人為操控的問題？一個答案是：對於我們自身健康適當的擔憂，是自我尊重的一部分。另一個答案較為實際：如果沒有能維持良好健康的態度，當獎勵的誘因消失，體重磅數就又會回升。

在目前所研究過的有獎減重方案中，似乎已經發生過這種現象。戒菸獎金顯示出些許希望，但即使是最具鼓勵效果的研究報告也顯示：因獎金而戒菸的人，有九〇%在獎金誘因結束後六個月內又恢復抽菸。一般而言，獎金對於吸引人們在特定活動中出現——如醫師的約診或打針——要比改變長期的習慣及行為有效得多。

付錢讓人追求健康，可能會因為無法培養維持健康的價值觀而終致失敗。如果真是如此，我們會發現，經濟學家的問題（「獎金有效嗎？」）與道德家的問題（「這些獎金措施有值得反對之處嗎？」），彼此的關係比我們一開始想像得更緊密。獎金措施是否「奏效」，端視目標而定，而目標如果設想周到，可能必須包括那些會遭到獎金措施破壞的價值觀及態度。

⊙不當的金錢誘因

我有一個朋友，過去每次他的小孩寫感謝卡給他時，他就會給他們一美元。（我通常從感謝卡的內容，就可以看出那是被迫寫的。）這個方法長期而言，可能會成功，但也可能不會成功。或許孩子會透過寫感謝卡而終於了解感謝卡的真正意涵，並在即使不再拿得到錢時，還持續於收到禮物時表達感謝之意。但是，他們也可能會學到錯誤的一課：將感謝卡視為無物或只是一項按件計酬的工作。如果是這樣的話，習慣將無法生根，而孩子也會在沒有人給他們錢之後，不再寫這種感謝卡。更糟糕的是，賄賂可能會敗壞孩子的道德教育，他們因此很難學到感恩的美德。即便這種獎金措施可以在短期內增加產出，但賄賂孩子寫感謝卡的做法，未來必將因不斷用錯誤方式強調這種財貨的重要性而失敗。

用獎金來鼓勵學生考好成績，也有類似的問題。為什麼不能付錢給考好成績或看書的孩子？它的目標是激勵孩子用功唸書或閱讀，而錢是為了達成這個目標所給予的誘因。經濟學教我們，人們會對誘因有反應。雖然有些孩子可能是因為喜歡閱讀而看書，但也有些孩子可能未必如此，所以為什麼不用錢來增加閱讀或考試的誘因呢？

最後的結果可能會如經濟學家所預測的那樣，兩個誘因的效果比一個好；但最後金錢的誘因也可能破壞了內在的誘因，導致孩子看較少書，或是在短期內促使學生基於錯誤的理由去看較多的書。

在這種情況下，市場就不是完全無害的工具。一開始只是市場機制，後來就成為一種市場基準。顯而易見的憂慮是：這些獎金可能會讓孩子以為看書是賺錢的方法，而對看書本身的喜愛就會因此被侵蝕或排擠掉。

利用獎金鼓勵人們減重、看書或絕育，反映了生活經濟分析的邏輯，但也將之延伸擴大。如貝克所說：「七〇年代中期，我們所做的每件事，都可以解釋為是我們在計算過成本及效益的情況下所產生的行為。」他稱之為「影子價格」——這也是暗藏在我們所面對的替代方案及我們所做的選擇中的假想價格。所以，舉例而言，某人決定維持婚姻而不離婚時，並未定出價格，不過這個人會考量分手內含的代價，例如財務上及情緒上的代價，然後判斷離婚並不值得。

不過現今為數眾多的獎金計畫又更深入一層。這些計畫將貝克所謂的影子價格自暗處抽出且成為事實，所使用的方式是為與追求物質幾乎毫不相干的活動，標出實際且明確的價格。它們落實了貝克所提出的：所有人類的關係最終都是市場關係。

貝克本人又提出類似的驚人想法：針對爭議不休之移民政策的市場解決之道。他認為美國應該捨棄複雜的配額、點數、家庭優先和排序等制度，只要單純銷售移民權就好。貝克根據現今的需求，建議將許可價格定在五萬美元或更高一點。

貝克推論，願意支付高額費用取得入籍許可的移民，自然會具備較令人滿意的特點，例如他們可能較為年輕、有技術、具企圖心、認真工作，而且比較不會去利用社會福利及失業救濟等。貝克一九八七年首次提出出售移民權的建議時，許多人都認為太誇張，但是對於那些滿腦子經濟思考的人而言，這是可以將市場推論運用於本來就極具爭議性的問題上——「我們應該如何決定要許可哪些移民的申請？」——的一種合理又簡單的手段。

另一位經濟學家賽門（Julian L. Simon）大約在同一時期提出類似的計畫。他建議設立每年核可的移民配額，並將許可拍賣給出價最高的人，直到配額售完為止。賽門認為出售移民權是公平的，「因為它是根據市場導向社會的標準——付款的能力及意願，而給予差別待遇」。有人擔心這樣的建議將只開放富有者進入美國，因此表示反對。針對這種反對聲浪，賽門建議允許得標者向美國政府借錢支付入境費，並與之後的所得稅合併償還。他說，如果這些新移民無力償還，將他們遞解出境就得了。

這種出售移民權的想法，讓一些人非常反感。不過在以市場信心為賭注的時代下，這種貝克—賽門建議案很快地就在法律中找到定位。一九九〇年，美國國會規定，於美國投資五十萬美元的外國人，可以帶著家人一起移民美國，為時兩年。兩年後，若是他們的投資創造至少十個工作機會，就可以取得綠卡。這個現金換綠卡的方案，正是插隊方案的終極版，也就是取得公民權的快速通道。二〇一一年，有兩位參議員提出一項法案，提供類似的獎金制度，希望能刺激在金融危機過後仍疲弱不振的頂級房市。外國人只要買一戶價值五十萬美元的房子，就可以獲得簽證，而只要他們持續擁有這棟房子，美國就會允許他們及他們的配偶、非成年的孩子住在美國。《華爾街日報》的一篇文章標題把這項政策作了個總結：「買房子送綠卡。」

貝克甚至建議對逃離迫害的難民收取入境許可費。他聲稱，自由市場讓決定收留哪些難民一事變得比較簡單，當然就是那些非常願意付出代價的人：「基於非常明確的理由，政治難民與在自己國家遭到迫害的人，會願意支付龐大的費用，以換取進入一自由國家的許可。所以收費制度可以自動避掉曠日費時的聽證會。這些聽證會多半是在討論申請者若被迫回國，是否將真的面臨實際危險。」

要求逃離迫害的難民付出五萬美元，聽起來可能過於冷酷無情。這其實也就是經濟學家未能辨別付錢的意願及能力的又一例證。那麼讓我們再來看看，另一個解決難民問題的市場建議案。這個方案是法律教授夏克（Peter Schuck）所提出的，不要求難民自己掏腰包，其內容如下：

令某國際組織根據各國的財富狀況，分配每個國家的年度難民配額，然後讓這些國家彼此自行買賣這個義務。例如，如果日本每年被分配兩萬名難民，但他們不想接受這些難民，就可以付錢請俄羅斯或烏干達接收。根據標準的市場邏輯，這麼做可使每一方都蒙利。俄羅斯或烏干達得到新的國庫收入來源，日本也藉由將難民轉包出去而盡到其協助難民的義務。此外，有更多的難民可以獲得解救，找到避風港。

即使這個難民市場最後可讓更多的難民獲得政治庇護，卻還是讓人覺得有點不是滋味。到底是什麼引人反感呢？這是因為難民市場會改變我們對於誰是難民，以及應如何對待他們的觀點。它會讓參與者（買方、賣方和政治庇護權被推來推去的那一方）認為，難民要不是一種令人急於擺脫的負擔，就是國庫收入的來源，而非遭到不幸的人類。

有些人可能會承認難民市場造成貶低效果，但最後還是認為這個計畫利大於弊。可是這個例子要講的其實是：市場並不只是機制，還包含著特定的基準，它預先假定並主張如何衡量那些被交換的財貨。

經濟學家常認為，市場不會影響或玷汙其所管理的財貨。這並不正確。市場會在社會基準上留下痕跡。通常市場動機會侵蝕或排擠非市場動機。

一項對以色列某些托兒所所做的研究，就證明了這種情況的確可能發生。這些托兒所都面臨一個常見的問題，那就是家長有時候會太晚來接小孩。在這些姍姍來遲的家長出現之前，一定要有老師留下來陪孩子。為了解決這個問題，托兒所對遲到的家長收取罰款。你猜後來怎麼樣？結果是遲到接小孩的家長竟然不減反增。

如果你認為人們會對獎勵有所反應，那麼這種結果就令人百思不得其解了。你會以為罰款應該會減少，而非增加家長遲到的現象。那麼到底是怎麼回事呢？這是因為採取付錢措施改變了基準。以前，遲到的家長會覺得很不好意思，因為他們給老師添了麻煩。但是現在，家長會認為逾時接小孩是一種服務，而他們願意支付這項服務所產生的費用——他們把這筆罰款視為費用。他們現在不再認為遲到是強加在老師身上的不便，而認為這不過就是支付給老師的加班費。

⊙是罰款，還是費用？

罰款與費用的差別在哪裡？兩者的區別是值得我們思考的問題。罰款給人的印象是道德上的不認可，而費用只是個價格，無關乎任何道德判斷。當我們對隨地亂丟垃圾的行為處以罰款時，意思是在說：隨地丟垃圾是錯誤的行為。朝美國大峽谷扔下一個啤酒罐，不只是清潔成本的問題，還反映出一種惡劣的態度，而以社會的立場而言，是要唾棄這種態度的。假設罰款是一百美元，而有個富裕的登山客認為不需要將他的空罐帶下山去，付出這個代價非常值得。他把這筆罰款視為費用，於是將啤酒罐扔在大峽谷。雖然他付了罰款，但我們還是認為他做了錯事。他把大峽谷看成一個高價的大型垃圾車，因此未能以適當的方式去欣賞大峽谷。

或者，我們可以想想保留給身障者的停車位。假設有一位忙碌、身體健全的包商，想要把自己的車子停在靠近他建築工地的位置。為了停在身心障礙者專用停車位的方便性，他願意付出相當高額的罰款，而他把這筆罰款視為業務支出的一部分。雖然他支付了罰款，但我們難道不覺得他這樣做是錯的嗎？他認為這筆罰款只不過是比較昂貴的停車費罷了，這種想法曲解了罰款的道德意義。他將罰款看成費用，所以未能尊重身障者的需求，以及社區為了配合身障者而規畫特定停車位的用意。

⊙高達二十一萬七千美元的超速罰單

當人們將罰款視為費用時，會藐視罰款所代表的基準。通常社會對此會予以反擊。有些富有的駕駛人認為，超速罰單是他們想要開多快就開多快時所需付出的代價。芬蘭的法律會對這種思考（及開車）方式予以重擊，因為當局是根據違規者的所得處以罰款。二〇〇三年，香腸業者的小開——二十七歲的薩隆亞（Jussi Salonoja），在速限為每小時四十公里的地點，開到八十公里，因此被開了一張金額高達十七萬歐元的罰單。薩隆亞是芬蘭最富有的人之一，年收入為七百萬歐元。在這之前的罰單金額最高紀錄，是由手機業者諾基亞的執行長凡約奇（Anssi Vanjoki）所創。那是二〇〇二年的事。當時他騎著哈雷機車超速行駛於赫爾辛基街上，被罰了十一萬六千歐元。後來凡約奇提出證明顯示，他的收入因諾基亞獲利下降而減少，法官因此降低了該罰單的金額。

為什麼芬蘭的超速罰單是罰款，而不是費用呢？不只因為罰單金額會因所得而不同，也因為其背後的道德譴責——違反速限規定是錯誤的。累進所得稅率也是依所得而不同，但這並不是罰款；這些稅率的目的是要籌措國庫收入，而不是要處罰創造所得的活動。芬蘭這張高達二十一萬七千美元的超速罰單所表達的是：這個社會不只希望能支付危險行為所造成的成本，還希望處罰的幅度可以符合違規者的罪行及銀行存款。

姑且不論某些愛開快車、超速的有錢人的那種輕忽態度，罰款與費用之間的差別並不是那麼容易就被抹拭掉的。在大多數地方，被攔下來開罰單還是讓人覺得很丟臉。沒有人會認為警察只是在收過路費，或是給違規駕駛人行駛於快車道的帳單。我最近偶然發現了一個可以清楚說明這種狀況的荒謬提案，它讓人看到，如果有人視其為超速費用而非罰單的話，實際上的情況到底會是什麼樣子。

二〇一〇年，內華達州競選州長的獨立候選人迪西蒙（Eugene "Gino" DiSimone）提出一個籌募州預算的不尋常建議案，內容是：在內華達州特定的道路上，州民只要每天付二十五美元，開車時就可以超速，時速可達九十英里（約一百四十四公里）。如果想要不定時地超速，可以購買一個異頻雷達收發機，當你需要趕著抵達某地，只要用手機撥進你的帳號，這筆二十五美元會從你的信用卡扣款，而你就可以在之後的二十四小時內任意超速，絕不會被攔下來。如果有警察用雷達槍偵測到你在高速公路上飛馳，收發機會發出訊號，讓警察知道你是位付費的客人，所以不會有罰單。迪西蒙估算，他的這項提案可以在不增稅的情況下，讓州政府每年多出十三億美元的收入。雖然州預算可能會有這筆誘人的意外之財，但是高速公路巡警表示，這項計畫會危及大眾安全。後來這位候選人在選戰中敗北。

⊙地鐵逃票及光碟租賃的差別

實際上，有時候罰款與費用之間的區別不太穩定，甚至存有爭議。試想：如果你沒付二美元的車資卻上了巴黎的地鐵，會被罰六十美元。這項罰款是為了處罰你違規，未買票就搭車。不過，最近有一群習慣性逃票者想出了一個很聰明的方法，將罰款轉化成為數不高的費用。他們成立了一個保險基金，在逃票被抓時就由這個基金支付罰款。成員每個月付這個基金（稱為「詐欺基金」）約八．五美元，這個金額遠低於合法月票的七十四美元。

這個基金運動的成員表示，他們的動機不在於錢，而是致力推動免費大眾運輸的理想。該集團的一位領導者告訴《洛杉磯時報》：「這是一種集體對抗的作為。法國有些東西本來就應該是免費的，例如學校、健康醫療等，那運輸交通為什麼不行呢？」雖然「詐欺者」不太可能蔚為風潮，但他們這項新奇的計畫，將逃票的罰款轉變為每個月固定支付的保險費。這是他們為了對抗體制而願意支付的代價。

要判斷一筆罰款或費用是否恰當，我們必須搞清楚所討論的社會機構的宗旨，以及管理的基準為何。答案會視我們所討論事物為何而有不同。是去托兒所接孩子時遲到、在巴黎地鐵逃票，或是……將逾期的ＤＶＤ歸還到住家附近的出租店？

在DVD出租店問世之初，業者把逾期費用視為罰款。如果我租片子卻逾期才還，店員總是會對我擺個臭臉，彷彿遲了三天才歸還像是什麼道德上有瑕疵的錯事似的。我認為對方這種態度是搞錯對象了，畢竟商業出租店並不是公立圖書館。圖書館會對逾期未還的書處以罰款，而不是收取費用，是因為圖書館的宗旨就是在社區裡建立免費圖書分享的制度。所以當我去圖書館歸還逾期的書時，我的確應該要有罪惡感。

但DVD出租店是個商店，它的宗旨就是出租影片來賺錢。所以如果我把DVD留在家裡久一點，然後付他們逾期日數的費用，我應該要被歸類為好顧客而不是奧客才對。至少我是這麼認為的。漸漸地，這種基準發生了轉移。現在DVD出租店已經把逾期收取的錢視為費用，而不是罰款了。

⊙中國一胎化政策的變質

一般而言，道德的風險往往比較高。讓我們思考一下罰款及費用之間，有時略嫌模糊的界線：在中國，開始有愈來愈多富有的人認為，政府對於違反一胎化政策者所處的罰款，只不過是多生一個小孩所應付出的代價。大約在三十年前，中國為了抑止人口成長所制訂的這項政策，規定都會地區大多數的夫婦只能生一個孩子。（鄉村地區的家庭，如果第一胎是女兒，就可以再生第二胎。）這項罰款的金額依地區而有不同，在主要城市最高可達二十萬元人民幣——這個金額令一般勞工咋舌，但是對富有的企業家、運動明星及名人而言，則是九牛一毛。中國一家新聞社流傳著一則故事：有一個懷孕的婦人和她的丈夫，趾高氣昂地走進當地的生育控制辦公室，把錢往桌上一丟，說：「這裡是二十萬元人民幣。我們得照顧我們未來的孩子。拜託你們不要來打擾我們。」

家庭計畫機構的官員重申這項管制的懲罰性觀點。他們所採取的對策就是提高對富裕違規者的罰款，以及譴責違反這項政策的名人，並禁止他們出現在螢光幕上。此外，他們還阻止那些有多於一個孩子的企業主管獲得政府的合約。中國人民大學的社會學教授翟振武解釋：「有錢人根本不把這筆罰款當一回事。政府一定要擊中如名譽、聲望和社會地位等要害，才能奏效。」

當局視罰款為處罰，而且希望能保留其伴隨的汙點。他們並不希望罰款最後轉化為費用。這主因並非他們擔心有錢人生太多孩子，因為事實上，富有的違規者所占的比例相對很小。面臨危機的其實是政策最根本的基準。如果罰款只不過是一筆費用，到頭來政府會陷入很尷尬的處境，那就是：把多生孩子的權利出售給有能力且願意付錢的人。

⊙可交易的生育許可

說也奇怪，有些西方經濟學家要求、以市場為基礎的人口控制方案，竟很類似中國官員極力想避免的那種以費用為基礎的制度。這些經濟學家呼籲，要限制人口成長的國家發行可交易的生育許可。一九六四年，經濟學家波丁（Kenneth Boulding）提議一種藉由可交易生育執照來因應人口過度膨脹問題的制度：當局會核發給每個女人一份（或兩份，依政策而定）證明，給她生育一個小孩的權利；她可以自由行使該權利，也可以用市價賣掉這個生育權。根據波丁的想像，市場中急於擁有孩子的人，會向（他粗鄙地直言）「窮人、出家人、沒有結婚的阿姨等等」購買證明。

這個計畫不像固定配額制（如一胎化政策）那麼具有強制性。由於它可以將財貨（在此是指孩子）分配給最願意付錢的消費者，所以在經濟上的效率比較高。最近，有兩位比利時的經濟學家又重提波丁的想法。他們指出，由於富有者比較可能會向較窮的人購買生育許可，所以這個方案更進一步的優點就是，可以藉由提供窮困者新的收入來源，降低不平等的現象。

有人反對任何對生育的限制，也有人主張生育的權利可受到合法的限制，以避免人口過度膨脹。我們暫且不談對原則的不同看法，先想像有一個決意要實施強制人口控制的社會。你比較不反對哪一種政策？一種是固定配額制：限制每對夫婦只能生一個孩子，並對超額生育的人處以罰款；另一種是以市場為基礎的制度：發給每對夫婦一份可進行交易的生育憑證，該憑證授予持證者生育一個孩子的權利。

從經濟推論的角度來看，第二種政策顯然比較好。由於人們擁有使用或賣掉該憑證的自由，因此某些人可望獲得好處，而且沒有人會因而蒙受不利後果。買賣這個憑證的人可以（透過雙贏的交易）各取所需，而未參與這個市場的人，因為還是擁有生一個孩子的權利，因此並不會比固定配額制來得差。

然而，讓人們可以買賣生孩子權利的這種制度，還是有令人憂心之處。部分原因是，在社會不平等的情況下，更凸顯了這個制度的不公平。我們不會想把孩子視為窮人負擔不起、富人才負擔得起的奢侈品。如果生養下一代是人類繁榮興盛的核心，那麼根據經濟能力來決定誰能取得這項財貨，就是不公平的。

除了對公平性的質疑之外，還有賄賂的問題。在這個市場交易的核心，是某種道德上令人不安的活動：想要多生一個孩子的父母，必須說服或誘使他人售出生育孩子的權利。就道德而言，這樣做就和向一對夫婦買下他們已出生的唯一子女，沒有太大的差別。

經濟學家可能會爭辯，孩子市場或擁有孩子權利的市場，其優點是具有效率，它可以根據付款能力將孩子分配給最珍惜他們的人。然而買賣生育權利，會促成足以腐化父母的愛的那種對孩子貪婪的態度。父母的愛，其中心基準就是「自己的孩子是無可取代的」，而把孩子拿去賣，根本是無法想像的事。所以不管是向別人買一個孩子或購買生一個小孩的權利，都會為父母的愛帶來陰影。如果你的孩子是透過賄賂別人、讓他們無後而得來的，那麼在疼愛孩子的體驗中難道不會蒙上陰影嗎？你會不會想向孩子隱瞞這個事實？如果是這樣的話，我們就有理由得出以下的結論：即便生育許可市場有其優點，但生育許可市場腐化父母愛的程度，將甚於固定配額制，無論固定配額制是多麼令人憎惡。

⊙可交易的汙染許可

罰款與費用之間的差異，也與如何減少溫室氣體及碳排放的議題有關。政府是否應該設定廢氣排放上限，並對超出限定排放量的業者處以罰款？或者，政府是否應該設計可買賣的汙染許可？事實上，第二種手段是在說：排放廢氣並不像隨意丟垃圾，前者只不過是做生意的成本罷了。可是，這是對的嗎？對於那些排放過多廢氣的業者，我們是否應該送給他們一些道德汙點？要解決這個問題，我們不只需要計算成本及效益，還需要決定我們想要推動的是哪種環保觀點。

在討論全球暖化問題的京都會議（一九九七年）中，美國堅持任何強制性的廢氣排放標準，都應該包括交易架構，給予各國買賣汙染的權利。所以，舉例而言，美國可以藉由減少本國廢氣排放量以達到京都會議的要求，也可以付錢要求別國減少廢氣排放。美國可以不對極為耗油的悍馬車課稅，而是花錢重建亞馬遜熱帶雨林，或是改良某開發中國家老舊、以煤為燃料的工廠設備，促進其現代化。

當時，我曾在《紐約時報》寫過一篇特稿，反對這種交易機制。我擔心允許各國購買汙染權，就像准許人們付錢亂丟垃圾一樣。我們應該要試著增強，而非減弱附屬於危害環境行為的道德汙名。我同時還擔心，如果富有的國家可以花錢讓自己不需減少本國的廢氣排放，將會破壞未來全球在環保方面合作時所需要共同犧牲的共識。

《紐約時報》當時收到許多嚴厲抨擊的投書，大多是來自經濟學家，其中還有些是我哈佛的同事。他們認為我不了解市場的優點、貿易的效率，也不懂經濟理性的基本原則。在這股強大的批評聲浪中，我真的收到一封來自老同事——一位大學經濟學教授表示同情的電郵。他告訴我，他了解我想表達的觀點，但他也要我幫他一個小忙：可不可以不要說出曾教過我經濟學的教授是誰。

之後，雖然不是基於經濟學家所提出的學理理由，我還是重新思考關於廢氣排放的觀點。排放二氧化碳不像從車子裡把垃圾丟到高速公路上，前者本身並沒有需要反對之處，畢竟我們每個人在呼吸的時候都這麼做。本質上，把二氧化碳排到空氣中本身並沒有錯，有爭議的是：過度排放，過著浪費能源的生活。那種生活方式與支持那種生活方式的態度，才是我們應該要阻止，甚至應該予以汙名化的。

減少汙染的方法之一，就是藉由政府的法規，要求汽車業者符合較高的廢氣排放標準，禁止化學公司及製紙工廠將有毒廢棄物注入水道，要求工廠在煙囪上安裝濾氣器等等。若業者未能符合標準，則應處以罰款。這正是美國政府於一九七〇年初期實施第一代環保法規時所做的。該法規以罰款為根據，令業者為其所造成的汙染付費。法規傳達了一則道德訊息：「排放水銀及石綿進入湖泊或溪流，或是讓空氣中充滿令人窒息的煙霧，是件很丟臉的事。它不僅對我們的健康有害，也不是我們應該對待地球的方式。」

有人反對這些法規，因為他們不喜歡任何會提高工業成本的事物。但也有人支持環境保護，並尋求能有效率達成該目標的手段。八〇年代，在市場的聲勢日增，經濟式思考愈來愈普及的情況下，某些環保運動者也開始傾向以市場為手段來拯救地球。他們指出，不要對每一家工廠強加廢氣排放標準，而應該把汙染定個價，並讓市場接下後面的工作。

為汙染定價最簡單的方法就是課稅。對排放廢氣所徵的稅，會被視為費用而不是罰款，但如果金額夠大，就等於是讓汙染者為他們所造成的環境傷害付出代價。不過正是基於這個理由，在政治上這種手段很難推行。於是立法者改採對市場較友善的汙染防制對策，也就是廢氣排放交易。

一九九〇年，當時的布希總統簽署了一項減少酸雨的法案。酸雨是使用燃煤的能源廠所排放出的二氧化硫所造成的。該法案並不會設定每一家能源廠的固定排放上限，但它給予每一家業者特定總額汙染量的許可，並允許業者彼此買賣這個許可。於是業者有兩種選擇：它可以降低自己的廢氣排放量，或是向其他能夠減少汙染量的業者購買額外的汙染許可。

之後，二氧化硫的排放量呈下降走勢，因此該交易計畫普遍被認為是成功的。後來，在九〇年代後期，大眾關注的焦點轉移至全球暖化問題。在解決氣候變遷這個問題上，〈京都議定書〉提供各國兩個選擇：各國可以減少本國造成溫室效應的廢氣排放量，或是付錢要別的國家減少該國的廢氣排放量。這項手段的基本原理是，它可以降低遵循規定的成本。如果在印度村莊替換煤油燈的成本，低於在美國降低廢氣排放的成本，那為什麼不花錢去換掉那些燈呢？

儘管有這項誘因，美國最後還是沒有簽署〈京都議定書〉，而之後的全球氣候談判也因此破了局。不過我的興趣不在議定書上，而在於該協議所闡釋的全球市場汙染權的道德成本。

前人所提議的生育許可市場，其道德問題在於，該制度促使某些夫婦以賄賂的方式，要求其他人放棄擁有一個小孩的機會。由於這樣的市場鼓勵父母將孩子視為如商品般可轉讓銷售，因此腐化了父母的愛。至於全球汙染許可市場的道德問題卻不同。它的問題不是賄賂，而在於將一項義務轉包出去。在全球而非本國的背景之下，這個問題更顯尖銳。

由於全球合作正面臨危機，所以允許富有國家向其他國家購買汙染權（或付錢讓其他國家推行降低汙染的計畫），以逃避有目的性地減少自己能源使用的義務，將對兩種基準造成傷害：它會破壞對大自然有益的態度，也會損害在創造全球環境倫理時必要的共同犧牲精神。如果富有的國家用錢就可以逃避降低碳排放的義務，那麼那個大峽谷的登山客或許也沒什麼不對。只不過現在，有錢的登山客亂丟手中的啤酒罐之後，只要雇人去喜馬拉雅山清垃圾，就不需支付罰款了。

沒錯，這兩個案例並不完全相同。廢棄物不如溫室氣體般容易交換；在大峽谷裡的啤酒罐無法在半個地球以外的原始風景地點予以抵銷。但相對地，全球暖化是一種累進式的傷害。從天空往下看，自地球的哪幾個地點飄來的碳比較少，其實並不重要。

但是從道德及政治的角度而言，這卻是舉足輕重的。允許富有國家用錢逃避有目的性地改變自己浪費習慣的義務，會強化一種有害的態度，那就是：大自然是有錢人的垃圾場。經濟學家常假設，解決全球暖化問題不過就是設計正確的誘因結構，並令各國去簽署，可是這樣並未掌握到最關鍵的重點——基準很重要。為了對氣候變遷採取全球性的因應行動，我們將需要為我們所共享的大自然找到一種新的環境倫理，也就是一套新的態度。無論其效率如何，全球汙染權市場將很難培養出約束及分擔犧牲的習慣，而這些都是負責任的環境倫理所需要的。

⊙碳補償的後遺症

自願性碳補償的使用率增加，也凸顯了類似的問題。石油公司及航空業者現在會請客戶付錢，以抵銷他們所造成的全球暖化效應。英國石油公司（British Petroleum）的網站讓客戶可以計算自己駕駛習慣所產生的二氧化碳排放量，然後他們可以藉由捐錢資助開發中國家的綠色能源計畫，來抵銷自己的廢氣排放。根據該網站，英國一般駕駛人可以用二十英鎊的代價去抵銷相當於一年的碳排放量。英國航空公司也提供類似的計算。你可以付一六・七三美元，來補償你往返紐約與倫敦之間所製造的溫室氣體。航空公司會把你的一六・七三美元，用在內蒙古的風車農場上，以彌補你的飛行對天空所造成的傷害。

碳補償反映出一種值得讚賞的動力：為我們使用能源對地球所造成的傷害定出價格，而且每個都要一一付出代價，以作為彌補。籌措資金去支持熱帶雨林及開發中國家的潔淨能源，當然是很值得的，但補償的同時也具有危險：那些花錢的人會認為自己可以不必為未來的氣候變遷負起任何進一步的責任。風險在於，至少對某些人而言，碳補償可能會變成一種無痛機制，讓他們不需要從根本上改變習慣、態度和生活方式，而這些都是因應氣候問題時必要的措施。

批評碳補償的人士，曾將它與天主教的豁免作比較。豁免是指中古世紀時，罪人付錢給教會，以抵銷其所犯的過錯。有個名為 www.cheatneutral.com 的網站，用安排抵銷不貞的買賣來嘲弄碳補償。如果位於倫敦的某人因為對自己的配偶不貞而產生罪惡感，他可以付錢給位於曼徹斯特的某個人，要他忠實，這樣就可以彌補自己的破戒。這種道德的類比並不完美：背叛不只是、或最主要並不是因為它增加了全世界不快樂的總量而令人厭惡。對特定的人而言，這種不道德的行為，是無法藉由其他地方極富美德的行為而予以改正的。相對而言，碳排放並不是這種不道德行為，它只是一個總數。

這些評論家的確言之成理。將溫室氣體的責任予以商品化及個別化，可能會導致類似向延遲到托兒所接小孩的家長收費時出現的那種似是而非的效果，而製造出更多而不是更少糟糕的行為。為什麼呢？就像以下這樣：在全球暖化的時代，開一輛悍馬車並不會令人覺得是身分的表徵，而是一種有損無益的自我縱容之舉，是一種貪婪。相對地，油電混合車則具有某種受人稱道的形象。然而，碳補償有可能會因為看似授予汙染的道德執照，而破壞了這些基準。如果悍馬車的駕駛人可以藉由開一張支票給一個在巴西種樹的組織，來減輕自己的罪惡感，就比較可能不會想把耗油超凶的悍馬車換成油電混合車。如此一來，悍馬看起來可能比較稱頭，而不是不負責任，至於對氣候變遷應採取更廣泛集體行動的壓力，則可能會因而降低。

當然，我前面所形容的情況純屬假設。罰款、費用及其他金錢誘因等基準的效果，是無法完全預測的，而且每一個案的情況都不同。我的重點只在於，市場會反映並宣揚某些基準，包括對所交易財貨的珍惜方式。因此，**在我們決定是否要將某項財貨商品化時，要考量的不能只是效率及分配的正義，我們必須也要問：市場基準是否會排擠掉非市場基準？如果是的話，這是否代表了值得我們關注的某種損失？**

我並不堅持認為，宣揚對環境、教養或教育等的正直態度，一定會凌駕其他應考量的事。賄賂有時候是有用的，偶爾它可能會是正確的。如果付錢給學業成績不佳的孩子、鼓勵他們看書，可以大幅改善他們的閱讀能力，或許我們會決定試試看，並希望之後可以讓他們愛上學習。但有一件事很重要，那就是，要記得我們所進行的是賄賂。這是一種道德上的妥協，因為它是用較低的基準（靠看書來賺錢）去取代較高的基準（因為喜愛閱讀而看書）。

在市場及以市場為導向的思考已延伸進入傳統上由非市場基準所管理的範疇，如健康、教育、生育、難民政策、環境保護等時，我們陷入進退維谷窘境的頻率將會愈來愈高。當經濟成長及經濟效用的承諾，意味著要為我們原本視為無價的東西定出價格時，我們該怎麼辦？有時候我們會發現自己徬徨於途，不知道是否應該為了達成有價值的結果，而在有道德爭議的市場中進行交易。

⊙付錢去獵殺犀牛

例如，我們假設，目標是為了保護瀕臨絕種的動物——黑犀牛。在一九七〇至一九九二年之間，非洲黑犀牛的數目從六萬五千隻減少至二千五百隻以下。雖然獵殺瀕臨絕種動物是違法的，但絕大多數的非洲國家都無法保護犀牛使其免遭盜獵者的毒手。這些盜獵者會將犀牛角賣到亞洲和中東去，換取高額的利潤。

九〇年代及二〇〇〇年代初期，某些野生動物保育團體及南非的生物多樣化部門官員，開始考慮用市場誘因來保護瀕臨絕種的動物。如果民營的牧場主人可以出售狩獵者限量射殺黑犀牛的權利，牧場主人就會有想要繁殖、照顧黑犀牛並趕跑盜獵者的動機。

二〇〇四年，南非政府獲得〈瀕危野生動植物國際貿易公約〉（又名〈華盛頓公約〉）的核可，得以核發獵殺五隻黑犀牛的執照。黑犀牛是非常危險的動物，而且很不易獵殺成功。對追求戰利品的狩獵者而言，獵殺一隻黑犀牛的機會是非常有價值的。數十年以來第一次開放合法獵殺的費用高達十五萬美元，付費者來自美國金融圈。之後的客戶還包括一位俄羅斯億萬石油大亨，他付錢殺了三隻黑犀牛。

這種市場對策似乎是有效的。在獵殺犀牛還是違法的肯亞，原來滿是本土植物的土地被移作農業生產及養牛場後，黑犀牛的數目從之前的二萬隻驟降為六百隻。但是，南非地主現在由於有金錢誘因，吸引他們將遼闊的農場移作養育野生動物之用，黑犀牛的數目已經開始回升。

對於那些不覺得戰利品狩獵有什麼不對的人而言，出售獵殺黑犀牛的權利，是利用市場誘因來拯救瀕臨絕種動物的明智方法。如果獵人願意付十五萬美元去獵殺一隻犀牛，牧場主人就會有動機去飼養犀牛並加以保護，供給也可因此增加。這是生態旅遊發展的意外轉折：「來這裡付錢射殺瀕臨絕種的黑犀牛，你將擁有難忘的經驗，同時又可以兼顧保育的目的。」

從經濟推論的角度來看，市場對策似乎是明顯的贏家。它可以讓某些人過得更好，而沒有人會因此受害。牧場主人可以賺錢；獵人有機會埋伏追蹤並射殺一隻難以對付的野生動物；而瀕臨絕種的動物又可以從滅絕的邊緣被拯救回來。誰能抱怨呢？

其實，這要看戰利品狩獵的道德狀態。如果你認為把射殺野生動物當作娛樂是一種可議的行為，那麼獵殺犀牛的市場就是在進行魔鬼的交易，是一種道德勒索。你或許樂於看到它對犀牛保育的良好成效，但是又不免譴責，這樣的成效是藉由迎合在你眼中富裕獵人邪惡的消遣而達成的事實。這就好比允許伐木者把在某幾棵樹上刻下名字縮寫的權利，賣給有錢的捐贈者，以挽救一片上古紅杉森林，使其不致被毀滅一樣。

所以應該怎麼做呢？你可能會認為狩獵戰利品的醜陋高於保育的優點，而排斥市場對策。你也可能贊成支付道德勒索、出售狩獵犀牛的權利，以期拯救這種動物免於滅絕。正確的答案，有一部分取決於市場是否真的能實現它所承諾的成效，另一部分也取決於戰利品狩獵者把野生動物當作娛樂的對象是否有錯，而如果有錯的話，這個錯誤的道德嚴重性有多高。

再一次，我們發現市場推論若沒有道德推論，是不夠完整的。在沒有回答「何為珍惜犀牛的正確方式」這個道德問題之前，我們無法決定是否應該買賣射殺犀牛的權利。當然，並不是所有人都同意這一點，但是對市場而言，這個案例脫離不了類似「何為珍惜我們所交易的財貨的正確方式」這樣具爭議性的問題。

專門獵殺大型獵物的獵人，很本能就可以掌握這個重點。他們了解，打獵這種娛樂（以及付錢獵殺犀牛）的道德正當性，取決於某種適當看待野生動物的方式。某些戰利品狩獵者宣稱他們尊崇他們的獵物，而且主張射殺大型、強壯的動物是一種致敬的形式。曾於二〇〇七年付錢射殺黑犀牛的一名俄羅斯商人表示：「我射殺黑犀牛，因為這是我所能給予牠最大的讚美及敬意。」評論家會說，殺害動物是一種奇特的尊崇方式。戰利品狩獵者是否以適當方式珍惜野生動物，這是辯論中最核心的道德問題。這也引領我們回到態度及基準：是否要成立獵殺瀕臨絕種動物的市場，不只取決於這市場能否促使該物種的數目增加，也要看它能否傳達並宣揚珍惜這些動物的正確方式。

獵殺黑犀牛的市場在道德上很複雜，因為它追求的是保護某種瀕臨絕種的動物，但手段卻是推動令人質疑的看待野生動物的態度。以下是另一個關於狩獵的故事，它更嚴苛地考驗著市場推論。

⊙付錢去射殺海象

數個世紀以來，在加拿大的北極圈地帶有為數甚多的大西洋海象，就如同美國西部的北美野牛一樣。體積龐大而無法自我防衛的海象，因其肉、皮、油及牙齒都甚具價值，成為獵人輕易就可獵殺的對象。到了十九世紀末期，海象的總數急遽減少。加拿大於一九二八年下令禁止獵殺海象，只保留很小一部分給當地的因努特人。因努特人是原住民獵人，四百五十年以來，他們的生活完全依賴著海象。

九〇年代，因努特人領袖向加拿大政府提出一項提案：何不允許因努特人把一部分獵殺海象的權利賣給以大型獵物為目標的狩獵者？被殺掉的海象總數不變，但因努特人可以拿到一筆錢、出任獵人的嚮導、監督獵殺過程，並像以往一樣，保留海象的肉及皮。這個計畫可以改善當地貧困社區的經濟條件，又不會超過現行的配額。加拿大政府同意了。

如今，來自世界各地富有的戰利品獵人都湧向北極，希望能有機會射殺海象。他們要付六千至六千五百美元，才能享有這項特權。他們的樂趣不在於追逐或圍堵難以掌握的獵物的刺激，因為海象是一種毫無威脅性的動物，行動緩慢，完全比不上持槍獵人的速度。《紐約時報雜誌》有一篇令人矚目的報導，奇佛斯（C. J. Chivers）把在因努特人監督下獵殺海象的行動比擬成：「搭很久的船，去射擊一個非常大的豆豆椅。」

嚮導將船划到距離海象約十五碼的地方，然後告訴獵人何時開槍。奇佛斯描述一位來自德州的獵人射殺獵物的景象：「獵人的子彈不偏不倚地打到海象的脖子，牠的頭開始痙攣、身子倒向一邊，血從子彈入口噴出來。海象一動也不動地躺著。獵人放下來福槍，拿起錄影機。」然後，因努特人的工作團隊開始處理死去的海象。他們將牠拉到一塊浮冰上，切開殘骸。

這種狩獵的魅力為何，令人難以了解。整個過程中沒有任何挑戰，根本像是個死亡之旅，而不是娛樂。獵人甚至還沒辦法在他的戰利品牆壁上展示任何遺骨，因為海象在美國受到保護，將其身體的任何部分帶進美國都是違法的。

那為什麼要射殺海象呢？顯然，殺死一隻海象，只是為了達成獵人俱樂部清單中所列每種動物都要射殺一隻的目標罷了。例如：非洲「五大」（豹、獅子、大象、犀牛和黑色大水牛），或是北極「大滿貫」（北美馴鹿、麝香牛、北極熊和海象）。

這根本不能算是值得讚許的目標，甚至有許多人會覺得很反感。可是要記得，市場不會對它們所滿足的渴望給予評斷。事實上，從市場推論的角度來看，允許因努特人出售射殺固定數目海象的權利一事，有很多討論的空間。因努特人獲得新的所得來源，「清單獵人」得到完成獵殺目標的機會，而這些都在不超過配額限制的情況下達成。就這方面而言，出售射殺一隻海象的權利，就如同出售生育或汙染的權利一樣。只要設定了配額，市場的邏輯就認定，核准交易許可有助於促進公共福祉。它能在不犧牲任何人的情況下，改善某一部分人的經濟情況。

然而，關於獵殺海象的市場，在道德上有某種令人反感之處。為了進行討論，讓我們假設，允許因努特人繼續數世紀以來一直賴以維生的獵殺海象活動是合理的。但是，允許他們將獵殺海象的權利出售，在道德上卻是有爭議的。以下我提出兩個理由。

其一，這個古怪的市場是在迎合某種邪惡的欲望，而這無論從哪個角度看，都沒有任何社會效用可言。無論一般人對以大型獵物為目標的狩獵活動有什麼看法，這是完全不同的事。在沒有任何挑戰或追逐、只是為了填滿狩獵清單的情況下，從近距離獵殺一隻無助的哺乳類動物，這樣的渴求是不值得去滿足的，即便這樣做可以為因努特人帶來額外的收入也不例外。其二，讓因努特人將他們所配得的海象獵殺權賣給外人，這首先就敗壞了給予該族群豁免權的用意以及目的。尊重因努特人的生活型態、尊重其長久以來對獵殺海象的依賴是一回事，但是把這項特權轉變為外加現金優惠的獵殺行動，又是另一回事。

⊙誘因及道德的糾結

二十世紀下半葉，薩繆爾森（Paul Samuelson）的《經濟學》是全美最知名的經濟學教科書。我最近看了早期（一九五八年）的版本，想看看在他眼中的經濟學是什麼樣子。他所談的是傳統主題的經濟學：「價格、工資、利率、股票及債券、銀行及信用、稅及支出。」經濟學的任務是具體而有限制的，例如解釋如何預防蕭條、失業和通貨膨脹，研究「生產力要如何維持在高水準」的原則，以及「如何提升人民的生活水準」。

如今，經濟學已經遠離傳統的主題了。例如曼丘在他深具影響力的最新版經濟學教科書中，對經濟有如下定義：「經濟是什麼？一點都不神祕。經濟只不過是一群人，在人生的過程中彼此互動罷了。」

依此定義，經濟學不只是關於有形財貨的生產、流通和消費，還涉及人類一般性的互動，以及個人決策時所根據的原則。曼丘發現，在這些原則中最重要的是：「人們會對誘因有所反應。」

現代經濟學愈來愈常談到誘因，甚至到了不可或缺的地步。在《蘋果橘子經濟學》一書的前幾頁，芝加哥大學的經濟學家李維特（Steven D. Levitt）與杜伯納（Stephen J. Dubner）就提到：「誘因是現代生活的基礎……基本上，經濟學就是在研究誘因。」

我們很容易就忽略這個定義的新奇性，因為誘因的說法是在晚近的經濟思想發展中才出現的。「誘因」這個詞並未在亞當・史密斯或其他古典派經濟學家的文章中出現過。事實上，在二十世紀之前，它都尚未出現在經濟學的論文中，而是一直到八〇及九〇年代才開始變得愈來愈重要。《牛津英語詞典》一九四三年第一次在經濟學的主題中用到這個詞，引用《讀者文摘》中寫的：「查爾斯・威爾遜先生……敦促軍事工業採用『誘因薪資（獎金制）』，也就是，對生產量較高的工人支付較高的薪資。」「誘因」這個詞的使用率，在二十世紀後半隨著市場及市場式思考的日益普及而顯著增加。根據Google圖書搜尋，在四〇至九〇年代之間，出現這個詞的比率增加了約百分之四百。

將經濟學視為誘因的研究，不只是將市場的範圍延伸至日常生活，同時也將經濟學家塑造成激進分子。貝克於七〇年代所提出、解釋人類行為的「影子」價格，很隱晦而且並不實際。那是經濟學家自己想像、斷定與推論出來的比喻性價格。相比之下，誘因則是由經濟學家（或立法者）所設計、導引並加諸於世界的干預手段；它們是驅使人們減重、更認真工作或減少汙染的方法。李維特及杜伯納在書中提到：「經濟學家最愛誘因了。他們喜歡想像出一些誘因，執行、研究，並胡搞之。一位典型的經濟學家會認為，迄今為止，只要能自由設計出含適當誘因的結構，全世界還沒有任何他不能解決的問題。儘管他的對策不見得都很理想——也許會涉及強迫、過高的罰款或違反公民自由——但是不用擔心，至少最初的問題一定會獲得解決。誘因可以是一顆子彈、一根槓桿、一把鑰匙——通常不起眼但擁有改變現狀的強大力量。」

這個說法迥異於亞當．史密斯「市場是隻看不見的手」的比喻。一旦誘因變成「現代生活的基石」，市場看起來就像是一隻沉重又愛操控的手。（不妨回想一下本書前面提到，用來交換絕育及好成績的現金誘因。）李維特及杜伯納說：「大部分的誘因都不是先天自然發生的。一定是某人——也許是經濟學家、政治人物或家長——所創造出來的。」

在現代生活中使用誘因的日益頻繁，以及需要有人刻意去創造誘因的現象，可以從一個最近開始流行的拙劣新動詞「誘因化」（施以誘因）反映出來。根據《牛津英語詞典》的定義，誘因化是「藉由提供（通常是金錢上的）誘因，去驅動或鼓勵（一個人，尤其是員工或顧客）」。這個詞的使用，最早可回溯至一九六八年，但最近十年尤其是在經濟學家、企業高階主管、政府官僚、政策分析師、政治人物，以及社論主筆的言談之中，變得很流行。一九九〇年之前，幾乎很少在書籍中出現過這個詞，但後來這個詞的使用率出現百分之一千四百的驚人成長。法律資訊服務業者LexisNexis針對主流報紙進行的一項調查，也顯示出類似的趨勢：

「誘因化」在主流報紙中出現的次數	
八〇年代	四十八
九〇年代	四百四十九
二〇〇〇年代	六千一百五十九
二〇一〇至二〇一一年	五千八百八十五

近年來，「誘因化」已經成了美國、英國總統的語彙。老布希是第一個在公開談話中使用這個詞的美國總統，他提過兩次。柯林頓和小布希在八年的任期中各說過一次。歐巴馬在他出任總統的前三年就使用過二十九次「誘因化」，他希望能獎勵醫師、醫院與提供健康醫療服務的業者，促使大家更注重預防性保健；他也想「激發、敦促（及）獎勵銀行」，讓銀行願意提供貸款給有責任感的屋主及小型企業。

英國首相卡麥隆（David Cameron）也很喜歡這個詞。他在與銀行業者及企業領袖談話時，呼籲他們更積極作為，以「獎勵」「冒風險的投資文化」。他在二〇一一年的倫敦暴動之後對英國人民講話時，曾抱怨「人類天性中某些最糟糕的部分」，被國家及政府機關「容忍、姑息，有時候甚至被獎勵」。

絕大多數的經濟學家，縱使傾向於這種新的獎勵，卻也持續堅持經濟學與倫理學之間，或市場推論與道德推論之間存在的差異。李維特及杜伯納解釋：「經濟學就是無法傳遞道德。道德代表的是我們理想中這個世界運作的方式，而經濟代表的則是這個世界實際運作的方式。」

經濟學是獨立於道德及政治哲學之外的價值中立科學的這種觀念，一直以來都是令人質疑的。可是，今日經濟學傲慢、誇張的野心，讓人更難為這種主張辯護。市場延伸其範圍至生活中非經濟的領域愈多，市場與道德問題的糾葛就愈多。

我們來想一想經濟效率的問題。為什麼要在乎經濟效率呢？這大概是為了使社會效用擴大到最大極限。所謂的社會效用，就是人民喜好的總和。曼丘解釋，資源有效率地分配，可使社會中所有成員的福祉達到最高極限。為什麼要將社會效用擴大到極限呢？絕大多數的經濟學家，不是根本不管這個問題，就是試圖從功利主義道德哲學的某種版本中找到解答。

可是功利主義也容易遭遇某些類似的反對。與市場推論最有關的異議，所提出的質疑是：我們為什麼應該無視於道德價值，而將喜好的滿足擴大到極限？如果有人喜歡歌劇，有人喜歡鬥狗或泥漿摔角，我們是否真的必須毫不批判，並在功利演算中給予各種喜好同等的比重？當市場推論沿用在汽車、烤麵包機和平面電視等有形商品時，並不會產生這樣的異議，因為商品的價值本來就反映了消費者的喜好，這很合理。可是當市場推論是運用於性、生育、育兒、教育、健康、刑罰、移民政策和環境保護等問題時，認定每個人的喜好具有相同價值就不怎麼有道理了。在這些涉及道德議題的領域中，某些珍惜財貨的方法，可能會比其他方法來得更重要或更適切。如果是這樣的話，為什麼我們應該在不深究道德價值的情況下，一視同仁地滿足所有的喜好？這個理由並不明確。（你想要教一個小孩識字的渴望，和你鄰居近距離獵殺一隻海象的渴望，真的是同等重要嗎？）

所以，當市場推論超越了有形財貨的範圍，除非它打算不顧滿足其喜好的道德價值，盲目地追求最高的社會效用，否則就必須「訴諸道德」。

市場的擴大之所以會使市場推論與道德推論的分界變得複雜，或是使解釋這個世界與改善這個世界之間的分界變得複雜，還有一個更深層的理由。經濟學的一個核心原則是價格效應——當價格上揚，人們買到的財貨會減少；當價格下滑，人們買到的財貨會增加。這個原則若用在諸如平面電視這類的市場中，大致上是管用的。

可是，就如同我們所見到的，如果把價格效應用在由非市場基準所規範的社會事務上，例如準時到托兒所接小孩，就不怎麼管用了。當遲到的價格上揚（本來是免費的），家長遲到的情況竟不減反增，這樣的結果混淆了標準的價格效應。然而如果你能看清「把某種財貨付諸買賣，就會改變其內涵」，就可以理解這件事了。為接小孩遲到這件事定出一個價格，就改變了其基準。之前，準時抵達托兒所接小孩，是一種道德上的義務——別為老師添麻煩——但現在卻被視為一種市場關係，也就是說，遲到的家長只要針對老師加班所付出的勞務支付費用即可。結果是，誘因的效果適得其反。

托兒所的例子顯示，**當市場進入原本由非市場基準所規範的生活領域時，標準的價格效應可能會失靈**。提高遲到的（經濟）成本，反而導致更多家長遲到的狀況，而非更少。所以，經濟學家若要清楚解釋這個世界，就必須先確定，為特定活動定出價格，會不會排擠掉原本的非市場基準；而為了達到這個目的，他們必須研究人們對特定事務的道德理解，並判斷將該事務付諸買賣（藉由提供或抑制金錢的誘因）是否會排擠掉此道德理解。

至此，經濟學家可能得承認，為了清楚解釋這個世界，他們必須投入道德心理學或人類學，以搞清楚哪些基準是主流，以及市場會如何對其造成影響。可是，為什麼這時一定要把道德哲學放進來呢？理由如下：

在市場破壞非市場基準之處，經濟學家（或任何人）必須判斷，這是否代表著某種值得關注的損失。當家長遲接孩子卻不再有罪惡感，而且用更為工具性的角度看待家長與老師之間的關係時，我們是否應該加以關注？如果付錢給小孩要他們閱讀，最後導致他們把閱讀視為賺錢的工作，並剝奪閱讀本身的樂趣時，我們是否應該要加以關注？每個問題的答案不盡相同，但這樣的問題讓我們不只是預測金錢的誘因是否有效，還要求我們做出道德的衡量：那些可能會被金錢腐化或排擠掉的態度或基準，在道德上有什麼重要性？如果損失了非市場的基準及期許，會不會以可能（或至少應該）令我們後悔的方式改變活動的本質？如果會的話，即使加入誘因或許能帶來一些好處，我們是否仍應避免這樣做？

答案端視所討論活動的目的、特徵，以及定義該活動的基準而定。即使是托兒所，在這方面也可能各不相同。在比較講求合作關係的托兒所（例如家長每週都會投入若干小時擔任志工的托兒所），取消對相互責任的共同期待所造成的傷害，將更甚於傳統托兒所（家長只付錢請老師幫忙照顧孩子）。可是，無論在哪一種情況下，我們無疑都處於道德的範疇之中。在我們考量是否應該仰賴金錢的誘因時，必須自問：這些誘因是否會破壞值得保護的態度和基準？要回答這個問題，市場推論必須要成為道德推論，畢竟，經濟學家還是必須「依道德而行」。

第 3 章／市場如何排擠掉道德？

雖然你買不到友誼和學問，
卻可以花錢雇人代為道歉或表達愛意，
也可以透過鉅額捐款獲得大學入學許可。
有經濟學家主張，將事物當成商品進行買賣，
並不會改變它的特性，然而事實並非如此單純。

是否有什麼東西是金錢應該買不到的？如果有的話，我們要如何判斷哪些財貨及活動是以恰當的方式進行買賣，哪些則不是？我建議我們先問另一個略為不同的問題來切入：

是否有什麼東西是錢買不到的？

⊙錢能買得到，以及買不到的東西

多數人會給肯定的答案。例如友誼，假設你希望能有比目前更多的朋友，你會不會試著去買幾個朋友？大概不會。仔細想想，你就會知道那是行不通的。花錢雇來的朋友和真正的朋友是不一樣的。你或許可以雇人去做一些通常朋友會為你做的事——在你出遠門時幫你收取郵箱的信件、臨危受命替你照顧小孩，或是像心理治療師一樣，傾聽你的痛苦並給你同情的建議。近來，你甚至可以雇用一些外表長得很正的「朋友」，來提高你在臉書上的人氣，代價是每位朋友一個月要價九十九美分。（有個雇用假朋友網站所使用的絕大多數是模特兒的照片，卻被發現其實並未獲得授權，因此遭到勒令關閉。）雖然上述的所有服務都可以買得到，但你並不能真的買到朋友。收買友誼的錢會毀滅友誼，或將它變成另一種東西。

或者再想想諾貝爾獎。假設你非常渴望獲得諾貝爾獎，但無法以正常的方式獲得，你或許會想去買一個。但是很快地，你就會發現這是行不通的。諾貝爾獎並不是那種可以用錢買得到的東西。美國聯盟的「最有價值球員獎」（MVP）也是一樣。如果之前獲獎的人願意割愛的話，你的確可能買到獎盃。你可以把獎盃擺在客廳裡展示，但你就是買不到這個獎本身。

這不只是因為諾貝爾獎委員會和美國聯盟並不開放銷售這些獎項。即使他們真的每年拍賣一座諾貝爾獎，買來的獎和真正的獎還是不一樣。市場交易會取消賦予該獎項價值的精神。這是因為諾貝爾獎是一種尊榮，想要購買它就是破壞你在追尋的精神。一旦這個獎項可被購買的消息傳出去，它就不再能傳達或展現出，人們在獲頒諾貝爾獎時所享有的榮耀及肯定了。

棒球的最有價值球員獎也是一樣。它們也是極具尊榮之物，如果是被買來的，而非在球季中常打出致勝的全壘打或創造其他英雄事蹟而爭取來的話，其價值就會消失。當然，象徵獎項的獎盃並不等同於獎項本身。有些奧斯卡金像獎的得主會把他們贏得的奧斯卡小金人賣掉，其中有的是繼承他們遺物的子孫把它們拿出來賣的。有些小金人曾透過蘇富比或其他的拍賣公司拍賣。一九九九年，麥可・傑克森以一百五十四萬美元的代價買下奧斯卡最佳影片《飄》的小金人。頒發金像獎的美國影藝學院反對這種交易，現在已要求每位奧斯卡獎的受獎人簽署同意書，承諾不會出售小金人。該學院希望能避免將這個具有象徵意義的小金人變成商業蒐藏品。無論蒐藏家是否可以買得到這個獎座，至少很明確的是：買一座最佳女演員獎的小金人，絕對不等於贏得這個獎。

⊙錢能買得到，卻不應該買的東西

這些相當明顯的例子，讓我們在面對以下這個令我們擔心、較富挑戰性的問題時，有點線索可循：什麼東西是錢買得到，卻不應該買的？試想某樣可以進行買賣，但其買進與賣出是有道德爭議的財貨，例如，人的腎臟。有人捍衛移殖用器官市場，也有人認為這種市場在道德上是令人質疑的。與諾貝爾獎不同的是，買賣腎臟所衍生的問題並不在於金錢摧毀了它的精神，因為無論是否涉及金錢買賣，腎臟都會發揮作用（假設配對成功）。因此，要判斷腎臟應該或不應該供人販售，我們必須進行道德上的探討。我們必須去檢視有關器官販售正、反兩方的討論，再判斷哪一方較具說服力。

我們也可以考慮販嬰的問題。幾年前，在「法律與經濟學」運動中居領導地位的波斯納（Richard Posner）法官，曾建議利用市場以分配被送往領養的嬰兒。他承認，較討人喜愛的嬰兒價格會高於較不受歡迎的嬰兒，但是他主張，自由市場分配嬰兒的效果會比現行的收養制度來得好。現行的收養制度允許收養代辦機構收取特定的費用，但並不拍賣嬰兒或訂定市場價格。

許多人不同意波斯納的建議，他們仍然認為，無論市場多麼有效率，孩子還是不應該被交易。在徹底思考這個爭議之後，我們可以發現它有個非常特殊的特徵值得關注：就如同腎臟市場一樣，嬰兒市場的存在不會破壞買方想要獲得的財貨。就這個角度而言，買來的嬰兒和買來的朋友或諾貝爾獎不同。如果有個嬰兒收養市場，支付市價的人會獲得他們所想要的，也就是一個孩子。至於這個市場是否有道德上的爭議，則是更深一層的問題。

所以乍看之下，這兩類財貨彼此之間存在著極大的差異：像朋友和諾貝爾獎這種金錢買不到的東西，以及像腎臟和孩子這種金錢可以買得到、卻可以說其實不應該交易的東西。但我想指出的是，它們的差異其實並不像乍看之下那樣清楚。如果更深入探討的話，我們可以約莫看出，兩者其實是存在著關連的。前者很明顯是金錢交易破壞了買來的財貨，而後者在深具爭議的情況下，財貨雖然能於交易後倖存，但也已經被貶低、腐化或減弱了。

⊙買來的道歉及婚宴敬酒詞

我們可以藉由探討一些介於友誼和腎臟之間、較中庸的案例，來研究這種關係。如果你買不到友誼，那麼代表友誼的物品，以及對親密關係、愛慕或悔罪的表達呢？

二〇〇一年，《紐約時報》曾刊登一則報導，是關於提供一項特殊服務的中國公司：如果你需要向某人道歉，對方或許是已形同陌路的愛人，也可能是已拆夥的事業夥伴，但你就是沒辦法親自去表達歉意的話，可以雇用天津道歉公司去為你道歉。該公司的座右銘是：「我們為你道歉。」根據這篇文章，專業道歉者是：「中年男人或女人，大專程度，穿著暗色樸實套裝。他們是擁有絕佳話術與豐富生活經驗的律師、社工人員及教師。他們都接受過特殊的諮商訓練。」

我不知道這家公司是否很成功，甚至不知道它現在是否還存在，不過看到這則報導時，我不禁自問：買來的道歉有用嗎？如果有人對你不好或冒犯到你，之後再雇用一個道歉者來修補關係，你會滿意嗎？這可能要視情況而定，甚至也要看成本。你會認為昂貴的道歉比便宜的道歉更有誠意嗎？再者，如果應該道歉的人所鑄成的大錯是他深切痛悔而無法假手他人的呢？如果買來的道歉，無論排場多麼大，都無法取代親身道歉，那麼道歉就會像朋友一樣，是金錢買不到的東西。

再來看一個與友誼密不可分的社交慣例：在婚宴上舉杯祝福新人。習慣上，這種敬酒是由伴郎（通常是新郎的換帖死黨）所表達溫暖、有趣、真誠的祝福。可是要寫出優雅的敬酒詞並不容易，許多伴郎無法勝任這項任務，於是有些人就在網路上購買婚宴敬酒詞。

完美敬酒公司（ThePerfectToast.com）是一家專門提供代筆婚禮演說詞的知名網站。該公司創立於一九九七年。你先在網路上回答一份問卷，內容是關於新娘和新郎是怎麼認識的？你想如何描述他們？你想要幽默風趣版或感性版？三個工作天之內，你就會收到一篇長度約三至五分鐘、量身打造、專業寫作的祝福演說。價格是一百四十九美元，可以用信用卡付款。負擔不起這種特製婚宴祝詞講稿的話，也可以選擇類似立即婚禮祝詞公司（InstantWeddingToasts.com）的網站，他們賣的是預先寫好的格式化祝詞，每份十九．九五美元，該價位還包含不滿意退款的保證。

假如在你的大喜之日，你的伴郎敬酒時，發表了一篇令人深感窩心的祝詞，你感動到熱淚盈眶。事後你才得知原來那不是他自己寫的，而是在網路上買來的，你在意嗎？他的祝福之意，會比你得知祝詞是聘請職業代筆人捉刀之前低嗎？我們絕大多數的人可能會說：是的，買來的婚宴祝詞價值不如真實的祝詞。

也許有人會辯稱，總統或首相都會雇用文膽，卻從來沒有人指責過他們。但是婚禮的敬酒祝詞並不是國家或聯邦的諮文，而是友誼的一種表現。雖然買來的祝詞或許可以成功達到預期的效果，但這種效果可能是建立在欺騙之上。試想：如果你一想到要在最要好朋友的婚禮上講話，就焦慮到不行，於是你在網路上買了一篇感人的祝詞傑作。你會願意讓別人知道這個事實，還是會試圖隱瞞？如果買來的祝詞得靠隱瞞出處才能達到效果，我們就有理由質疑它造成了婚禮祝詞的腐化。

從某個角度而言，道歉與婚宴祝詞一樣，都是買得到的財貨，不過買賣這些東西，將會改變它們的特性，而且貶低其價值。

⊙反對送禮的經濟學邏輯

再來看看友誼的另一種表現——送禮。禮物不像婚禮演說，前者具有不可避免的物質面。不過有些禮物的金錢色彩相對比較模糊，而另一些禮物則十分具體。數十年來，禮品的貨幣化已逐漸形成一種趨勢，這又是社交生活日益商品化的一個例證。

經濟學家不喜歡禮物。說得更明白一點，他們很難理解送禮是一種合理的社交習慣。從市場推論的角度來看，給現金幾乎總比給禮物好。如果你假設人們通常都最了解自己的喜好，而送禮的重點是希望讓你的朋友或你所愛的人開心，那麼應該沒有任何禮物會比給錢更好。即使你有絕佳的品味，你的朋友還是有可能不喜歡你替他們挑選的領帶或項鍊。所以如果你真的希望把禮物所能提供的幸福感發揮到極致，就不要買禮物，而只要折換成現金就好。你的朋友或情人可以拿這筆錢去買你原本要買的東西，或者（更可能）去買能為他們帶來更大愉悅的東西。

這是反對送禮的經濟學邏輯。它會有一些條件上的限制。如果你發現一種你朋友會喜歡、但不熟悉的東西，例如最新科技的小玩意兒，這個禮物為你這位跟不上時代的朋友所帶來的愉悅感受，很可能會高於他自己用等值現金去買的東西所帶來的。可是，這是個恰好符合經濟學家基本假設的特例——送禮的目的是將接受者的幸福感或效用發揮到極致。

賓州大學的經濟學家瓦德佛格（Joel Waldfogel）把送禮的經濟無效率看成是私人的因素。他所謂的「無效率」是指：你阿姨送給你價值一百二十美元的生日禮物（菱形花紋毛衣），對你來說的價值（或許很少）；以及她如果給你現金，你可能會去買的東西（比如iPod）的價值，兩者之間的差距。一九九三年，瓦德佛格曾寫過一篇〈聖誕節的重大損失？〉文章，討論蔚為風氣的聖誕節送禮浪費效用的現象。該篇文章引起各界的矚目。他在最近出版的《小氣鬼經濟學：為什麼過節不該送禮物？》中，針對這個主題增添、更新了一些資料，並予以闡述。「重點在於，別人在為我們購買衣服或音樂或任何東西時，不太可能比我們更善於為自己選擇。無論他們是出於怎樣的好意，我們還是可以預見，他們的選擇總是會錯失標的。相對於他們的支出原本可讓我們滿足的程度，他們的選擇反而摧毀了價值。」

瓦德佛格運用標準的市場推論，獲致了一個結論，那就是，在大多數的情況下，折現的情況會比較好：「經濟理論，以及常識會讓我們期待，無論使用的是歐元、美元或以色列的新錫克爾，花每一塊錢為自己購買東西，可以創造出比為別人買東西時，更大的滿意程度……購買禮物通常會摧毀價值。只有在罕見的特殊最佳狀況之下，才可能會跟給現金一樣好。」

瓦德佛格在以經濟邏輯反對送禮之後，又進行了數項調查，測量這種無效率的習慣到底消滅了多少價值。他要求接受禮物的人估算所收禮物的價格，以及他們願意為這項禮物付出的價格。他的結論是：「我們對所收禮物的估價，會比我們為自己買東西的價格低了約百分之二十。」瓦德佛格根據這個百分之二十的數字，算出全美節日禮品支出所帶來的「價值毀滅」總值：「假設美國節日支出每年約六百五十億美元，這就是說，我們所獲得的滿意度，比如果自己慎選給自己的禮物，少了約一百三十億美元。美國人以瘋狂毀滅價值來慶祝節日。」

如果送禮是一項嚴重浪費與無效率的活動，為什麼還要堅持這麼做呢？這個問題不容易以制式的經濟假設來回答。曼丘在他的經濟學教科書中試著勇敢地這麼做。他的評論始於「送禮是個奇怪的習慣」，但他承認，通常在男朋友或女朋友生日時送現金而不是生日禮物，可能不太好。可是為什麼呢？

曼丘的解釋是，送禮是一種「發送訊號」的模式，這是經濟學家利用市場克服「資訊不對稱」的術語。例如擁有優良產品的某家公司斥鉅資打廣告，這個舉動不只是想直接說服客戶，也是在對客戶「發送訊號」，表示該公司對產品品質的信心強到足以花大錢去辦活動。曼丘指出，送禮也同樣具有發送訊號的作用。一個男人仔細思考該買什麼禮物送給女朋友，代表他「擁有女朋友想知道的私密訊息：他是否真的愛她？為她選擇一樣好的禮物，就是他愛情的象徵。」因為挑選禮物需要花時間和心力，所以挑選最貼切的禮物就是在「傳達他對她的愛意這個私密訊息」的方式。

這是思考關於戀人和禮物的一種異常笨拙的方式。發出愛的訊號與表達愛意並不一樣。說是發送訊號，會讓人誤以為愛情是一方向另一方報告的私密資訊。如果真的是這樣，那麼現金也可以達到相同的效果——金額愈高，訊號愈強，（可能）愛意也愈深。但愛情並不只是或不全是私密的資訊，它是和另一個人相處或回應的方式。付出，尤其是用心的付出，可以是一種愛的表達。就表達的角度而言，可以傳達心意的好禮物不只是以取悅對方為目的。它應該不只是滿足收禮者的消費性喜好，而應該能反映特定的親密關係，吸引並連結接受禮物的人。這就是心意之所以重要的理由。

當然，並不是每一樣禮物都能如此充分表達。如果你去參加一個遠房表親的婚宴或生意夥伴小孩的猶太成年禮，那麼你可能還是從婚禮禮品清單中買一樣東西或給現金比較好。可是，如果給朋友、情人或配偶現金而不是禮物，那就會顯得你有點輕率、漠不關心，彷彿你只是想花錢交差了事。

即使經濟學家所奉行的信條不能對此有所解釋，但他們知道，禮物具有傳達心意的層面。經濟學家暨部落客塔巴洛克（Alex Tabarrok）說：「我身體裡的經濟學家說，最好的禮物是現金，但我的其他部分都在反抗。」他提供一個很好的反證，可以反駁功利主義者所說，最理想的禮物是我們會為自己買的東西。假設某人給你一百美元，你用這筆錢去買車子的一組輪胎，你的效用因而達到最高。但是，如果你生日時，你的情人送你一組汽車輪胎，你可能不會太高興。塔巴洛克指出，我們多半會寧可送禮的人買一些不那麼實用的東西，那些我們不會去買給自己的東西。我們會寧可從密友那裡得到可以滿足自己「狂野、熱情、羅曼蒂克」那一面的禮物。

我認為他言之成理。送禮之所以未必都是脫離效用最大化的不理性行為，主要是因為禮物不只與效用有關。有些禮物所表達的人際關係是在連結、挑戰或重新闡釋我們的自我認同。這是因為友誼不只是朋友彼此互有助益，也是關於如何在彼此相伴之下，共同獲得個性與自覺的成長。就如同亞里斯多德的教誨：最好的友誼具有成長性、教育性。如果將朋友之間的所有贈與都予以金錢化，友誼就可能會因為充滿功利主義的基準而遭到破壞。

即使是從功利主義角度來看送禮的經濟學家，也不能不注意到，現金禮是個特例，而不是慣例，尤其在同儕、配偶以及重要對象之間更不適用。對瓦德佛格而言，這就是他所責難的無效率的來源。那麼，在他認為，到底是什麼在驅動人們堅持送禮這種會造成莫大價值毀滅的習慣呢？主要就是因為現金被視為帶有汙點的「俗氣禮物」。他並不去探究人們認為現金禮很俗氣這件事究竟是對是錯，相反地，他認為這種汙點除了很遺憾地傾向於降低效用之外，還是一種不具基準重要性的社會未開化現象。

瓦德佛格寫道：「耶誕節時大家之所以都送實體的禮物而非現金禮，主要就是因為送現金被汙名化。如果沒有這個瑕疵，送禮的人都會送現金，而收禮的人就會選擇自己真正想要的東西。如此一來，花同等金額的錢，滿意度卻可以達到可能範圍內的最高水準。」杜伯納和李維特也提出類似的觀點：人們對於贈與現金禮的遲疑，主要是由於它是一種「社會禁忌」，這個禁忌破壞了經濟學家對於「美好有效交換」的夢想。

送禮的經濟分析描繪出市場推論的兩種明顯特徵。第一，它顯示雖然市場推論堅持價值中立，卻又是如何夾帶著特定的道德評斷。瓦德佛格並未考量現金禮被汙名化其來有自，也不問這樣的汙名化是否有充分理由，而只是認定那是對效用的一種非理性障礙，是理想上應該要加以克服的一種「機能障礙的習俗」。他並未考量另一種可能性：現金禮的汙名其實可能反映出值得保存的基準，例如與友誼結合的心意的基準。

堅持所有禮物的目的是將效用極大化，無疑是在假設，在友誼方面達到效用極大化才是道德上最適切的做法，而且對待朋友最正確的方式就是滿足他們的喜好——而非挑戰或加深其喜好，或是使其增添變化。

所以，經濟學反對送禮，並不是一個道德中立的主張。它已經預設某一種特定的友誼觀點，而這個觀點或許會被視為不足。然而，無論經濟學對送禮的觀點在道德上有何欠缺，它已漸漸成為主流。這就帶我們進入送禮的第二個明顯特徵。雖然經濟學對送禮的觀點在道德的假設上可能造成爭議，但它已逐漸成為事實。在過去二十年來，以錢代禮的現象已逐漸表面化。

⊙禮品的銅臭味

我們不妨想想禮物卡增加的現象。有愈來愈多的節日購物者，現在會贈送禮券或禮物卡，而不會去搜尋適當的禮物了。這些禮券（禮物卡）有特定金額的價值，可以在零售商店裡兌換商品。禮物卡代表的是挑選禮物與給現金之間的折衷，它讓選購禮品者能輕鬆一點，也能給收禮者更大的選擇空間。大賣場塔吉特或沃爾瑪，甚至高級百貨公司「薩克斯第五大道」所發行價值五十美元的禮券卡，可以避免因為買到小兩號的毛衣所造成的「價值毀滅的損失」，因為它可以讓收禮者去挑選自己真正想要的東西。而且，禮券卡又和送現金不同。雖然收禮的人可以很明確地知道你花了多少錢，金錢的價值一清二楚，但特定商店的禮券卡比起只是送現金，給人的感覺要好很多。或許，花時間挑選某家適合商店所投入的心思，多多少少紓解了那種不悅感。

九〇年代期間，節日禮品貨幣化的趨勢累積動能，導致愈來愈多的購物者開始贈送禮券。一九九〇年末期，禮券轉換為有磁條的塑膠卡片，更加快了這種趨勢。在一九九八至二〇一〇年之間，禮物卡的年度銷售量幾乎激增了八倍，達到九百億美元以上。根據消費者調查報告，禮物卡是目前最普遍的節日禮品需求，超過了服飾、電玩遊戲、消費性電子產品、珠寶，以及其他的項目。

傳統主義者對這個趨勢感到痛心。人稱「禮貌小姐」的禮儀專欄作家瑪汀（Judith Martin）就抱怨，禮物卡已經「奪走了節日的精神和靈魂。你基本上就是付錢給某人——付錢給他，叫他走開」。個人理財專欄作家威斯頓（Liz Pulliam Weston）則擔心「送禮的藝術很快就會全然發展成為商業交易」。她問道：「多久以後，我們會開始塞鈔票給彼此？」

從經濟推論的角度而言，禮物卡取代禮物的轉變，是朝正確方向邁出的一步。如果最後能達到以一疊鈔票取代禮物的話會更好。理由為何？雖然禮物卡降低了禮物的「重大損失」，但還是不能完全避免。假設你叔叔給了你一張建材零售商家得寶（Home Depot）價值一百美元的禮物卡，它比一套你不想要、價值一百美元的工具組來得好。可是你並不怎麼喜歡裝修，你可能會寧願拿現金。畢竟，現金就像在任何地方都能使用的禮物卡。

解決此問題的對策已經問世，而這一點也不足為奇。現在有一大堆網路公司會以現金買回禮物卡（以低於面值的價格購買），再重新出售。例如，有一家名為「塑膠森林」（Plastic Jungle）的公司會以八十美元的價格向你買那張家得寶的禮物卡，並以九十三美元的價位重新賣出。折價率會依發卡商店的熱門程度而定。沃爾瑪或塔吉特價值一百美元的禮物卡，塑膠森林會出價九十一美元。可悲的是，邦諾書店一百美元的禮物卡，他們只願意出七十七美元，比漢堡王的七十九美元還低。

對於擔心禮品造成淨損失的經濟學家而言，這個贈送禮物卡而非現金的二級市場，量化了你施加於收禮者的效用損失：折價率愈高，禮物卡價值及現金價值之間的差距就愈大。當然，這些方式都未能捕捉傳統送禮所表達的心意及關注。這些美德都在禮物轉換為禮物卡、最後轉換為現金的時代趨勢下，漸漸式微。

一位研究禮券卡的經濟學家建議，藉由老派的貼心動作來調和現金的經濟效率：「計畫送人禮券卡的送禮者，或許應該記住在現金禮之外附上一張小紙條給收禮者的好處，上頭說明這筆錢可以在（寫上該商店的名字）消費——加註心意是很重要的。」送錢並開心地建議收受者可以去哪裡消費的字條，可以說是最掃興的禮物。這就如同把功利主義的元件和表達心意的基準分裝在兩個盒子裡，再用蝴蝶結綁在一起。

我最喜歡的送禮商品化例子，是最近申請專利的電子禮品轉送系統。《紐約時報》

中的一篇文章如此描述：你阿姨送你水果蛋糕作為聖誕禮物。水果蛋糕公司寄給你一封電子郵件通知你有這麼一份貼心的禮物，並給你數項選擇：你可以接受送貨、換別的東西，或把這個水果蛋糕轉寄給在你送禮名單上但不知情的人。由於這項交易是在網路上進行，所以你不需要重新包裝該項禮物，再拿去郵局寄。如果你選擇轉送，新的收禮者也可以有同樣的選擇。所以很可能這個沒人要的水果蛋糕，到最後會無止境地在網際空間中四處跳飛。

不過，也可能發生如下的大混亂：根據零售業者的資訊揭露原則，在這個水果蛋糕旅程中的每一位收受者都可能會知道它的路線。這可能會讓人有點尷尬。得知這個水果蛋糕之前已被幾位收受者拒絕、現在又被塞到你這裡來，很可能會降低你對這份禮物的感激之情，也摧毀了它的表達價值。這樣的情況可能會有點像，發現你的伴郎原來是去網路買來那篇窩心感人的祝詞一樣。

⊙買得到榮耀嗎？

雖然錢買不到友誼，但是在某種程度上卻可以買到友誼的代用品及言詞。就像我們前面所看到的，把道歉、婚宴祝詞和禮物等轉換為商品，並不會完全摧毀它們，但的確會傷害它們。會傷害它們的理由與錢買不到朋友的理由有關：友誼及包含友誼的社會慣例，是由特定的基準、態度及美德（優點）所構成。將這些慣例予以商品化，會逼走這些基準，如同情心、慷慨、體貼、關心等，並以市場價值取代之。

花錢雇來的朋友和真正的朋友是不一樣的，我們每個人幾乎都能分辨其間的差異。我所能想到唯一的例外就是，金凱瑞在電影《楚門的世界》中所飾演的角色。這位主角一輩子都住在看似寧靜的小鎮，但他不知道，其實這個小鎮是電視實境節目的場景。金凱瑞花了很長一段時間才搞清楚，原來他的太太和最要好的朋友都是受雇的演員。不過，當然不是他雇的，而是電視公司的製作人找的。

這個朋友類比的重點是：我們（在正常情況下）不能買到朋友的理由（這項交易會毀滅彼此的關係），正透露出市場是如何破壞友誼的表達。買來的道歉或婚宴祝詞，雖然看起來非常接近真實，卻仍免不了受到玷汙及傷害。錢雖然可以買到這些東西，卻都是以略呈降等的形式出現。

榮譽性的財貨也基於同樣的理由容易遭到腐化。諾貝爾獎是買不到的，但其他的尊榮或肯定呢？例如榮譽學位。學院或大學會授予傑出的學者、科學家、藝術家和公務人員等榮譽學位。其中有些被授予榮譽學位的人是慈善家，他們曾捐贈鉅款給授予他們榮譽學位的機構。這種學位其實是買來的嗎？或者，這是真的榮譽嗎？

這可能有模糊的空間。如果大學未能好好解釋授予榮譽學位的理由，講得太白反而會壞事。假設畢業典禮中的褒獎狀是這麼寫的：「我們根據成就而頒發榮譽學位給傑出的科學家及藝術家，但我們頒給你這個學位，是感謝你捐贈一千萬美元蓋新圖書館。」這種獎勵很難說是榮譽學位。當然，褒獎狀上從來不會這樣寫。學校通常都強調他們投身公共服務、致力於人道貢獻，以及對大學使命的奉獻等，這些都是關乎榮譽的詞彙，把榮譽學位與買來學位之間的差異模糊掉。

同樣的問題也適用於買賣名校入學許可一事。大學不會舉行入學許可拍賣會，至少不是明目張膽地來。許多設有學生入學門檻的學院及大學，可以藉由將大一新生的名額賣給最高出價者以增加經費。但即使大學希望把經費增加至最高水準，也不能拍賣掉所有的名額，因為如果這樣做，就會導致學術品質降低及獲准入學的榮譽遭到傷害，造成人們對入學的需求減少。假如史丹佛或普林斯頓大學的入學許可都循例買得到，而且有很多人都知情此事的話，那麼即便你（或你的孩子）得到這幾所學校的入學許可，也會變得沒什麼了不起。充其量，只不過相當於有能力買一艘遊艇的榮耀罷了。

不過，假設絕大部分的入學名額都是依學生實力而核發，只有少數是在不為人知的情況下出售。再假設學校在決定是否核發入學許可時，會考慮諸多因素，例如在校成績、SAT分數、課外活動、族裔、少數民族、地理多樣性、運動技能、特別會員（父母為校友）等等，這樣一來就很難判斷，對任一特定入學申請案例而言，到底哪個因素具有決定性。在前述的條件之下，大學就可以將部分入學名額賣給富有的樂捐者，但又不致破壞人們心目中進入頂尖大學所代表的榮耀。

高等教育的批評者宣稱，這很接近當今許多學院和大學的實況。他們將「餘蔭偏好」（legacy preferences），也就是偏好錄取校友的孩子入學，形容為對有錢人的一種正面行為。他們還指出另一些案例：大學對某些沒那麼傑出的學生放寬入學標準。這些學生的家長並不是校友，但很有錢，而且很可能會捐獻鉅款給學校。捍衛這些做法的人士辯稱，私立大學非常仰賴校友及富有捐款人的財務挹注，而這些捐款使各大學得以提供獎學金及助學金給財務狀況比較不理想的學生。

所以，大學的入學許可與諾貝爾獎不同，前者是一種可以買賣的財貨，條件是交易要在考慮周全的情況下進行。至於學院或大學是否應該這麼做，又是另一個問題。出售入學許可的想法會遭遇兩項反對。其一是關於公平性，其二則是關於腐化。質疑公平性的人指出：允許富有捐款者的孩子入學，以交換給予大學基金的大額捐款，對沒那麼幸運能出生於富豪之家的申請者而言是不公平的。這類反對者認為，大學教育是機會及管道的來源。他們擔心給予富家孩子特別待遇，社會及經濟的不平等現象會因此而永遠無法逆轉。

至於擔心腐化的反對者則著重於機構的誠信。這派反對者指出，高等教育不只是培養學生爭取有報酬工作的能力，它還能具體實現一些理想，例如追求真理、鼓勵學術及科學方面的卓越表現、提升人文學養、培育公民道德等。即便每一所大學都需要經費以追求其目標，但是允許籌措資金的需求凌駕一切，將很可能造成目標扭曲，並導致那些給予大學存在理由的基準因此敗壞的風險。反對腐化者常提出「背叛」的指控，正反映出他們對誠信的期待，也就是認為機構本應忠於其原定的理想而存在。

⊙兩種對市場的質疑

這兩種爭議，透過錢應該及不應該買什麼的辯論產生迴響。質疑公平性的人士爭論的是，市場選擇可能會反映出來的不公平；質疑腐化的人士所提出的觀點則是，市場關係可能會破壞或消滅的態度及基準。

以腎臟為例。的確，錢是可以買到一個腎臟而不破壞其價值，但是腎臟應不應該買賣？反對的人通常都是基於兩種立場。首先，他們指出這樣的市場迫害窮人，窮人選擇出售腎臟並不一定是真的出於自願（公平性的爭論）。再者，他們主張這類市場推動的是貶低、物化人類的觀點，也就是將人類視為一些備用零件的組合（腐化的爭論）。

再以孩子為例。我們是可以建立一個嬰兒收養的市場，但應該這麼做嗎？反對派人士提供了兩個理由。一個理由是因為把孩子拿來賣的話，經濟狀況較差的父母會從這個市場被排除掉，或是他們只能得到最便宜、最不受喜歡的孩子（公平性的爭論）。另一個理由是，把孩子定出價位，會破壞父母無條件的愛的基準，而必然存在的價差會強化一種觀念，那就是孩子的價值會依種族、性別、未來可能智力、生理能力或障礙等特質而各不相同（腐化的論點）。

深入探討這兩種對市場道德極限的論點，絕對是值得的。質疑公平性的人士指出，當人們在不平等或經濟拮据的情況下買賣東西時，會產生不公義的問題。根據這派反對人士的意見，市場交易並不一定會如市場擁護者所說的，永遠都是出於自願。一名農夫可能會為了一家溫飽而同意賣掉自己的腎臟或眼角膜，但這樣的同意可能並非真正出於自願。實際上，他可能是在不公平的情況下，基於自身狀況而不得不這麼做。

對於腐化的質疑則不一樣。這派反對人士指出，對特定財貨及事務進行市場衡量及交易，會導致貶低的結果。他們認為，特定的道德及公共財，若是進行買賣，就會遭到貶抑或腐化。腐化的爭論無法藉由成立公平的交易而消解，腐化在平等及不平等的條件下都有可能發生。

長期以來對於賣淫問題的爭議，可以用來說明這個差異。有人認為賣淫幾乎從來不是自願的，因此持反對的立場。這些人主張，出賣肉體的人通常都是被迫的，或許是出於貧困、毒癮或面對暴力的威脅等，這是質疑公平性的版本。但其他反對賣淫的人則認為無論是否被迫，賣淫都貶低了女性，這個論點認為賣淫是一種墮落，貶低了女性，並造成對性的不當態度。反對貶低與否，並不是看當事人是否受到外力逼迫才同意去做。即便處在一個沒有貧窮的社會，即便有女性喜歡這樣的工作，並在自由意志下選擇當高級妓女，反對者還是會譴責賣淫。

每一種反對都牽涉到不同的道德理想。持公平性觀點的人，強調的是「個人同意」的理想，說得更精確一點，是在公平的基礎上所實踐的個人同意。利用市場來分配財貨的主要論點之一就是，市場尊重選擇的自由，市場允許人們自行決定是否以特定價位賣掉這個或那個財貨。

但質疑公平性的反對人士則指出，這類的選擇之中，有些並不是真正出於自願。當某人極為窮困或缺乏在公平條件下爭取權益的能力時，市場選擇並不能算是自由的選擇。所以為了要知道市場選擇是不是自由的選擇，我們必須問：在什麼樣社會背景條件下的不平等，會破壞有意義的個人同意。在哪個時間點，交涉能力上的不平等會壓迫處於劣勢的人，並破壞他們所進行交易的公平性？

反對腐化的人則提出不同的道德理想。它不訴諸個人同意，而是強調財貨在道德上的重要性，也就是那些會在市場計價及交易之下遭到貶低的財貨。所以，要判斷大學入學許可是否應該容許買賣，我們應該先討論大學應該追求的道德及公共財為何，然後再問出售入學許可是否會損害這些財貨。至於要決定是否應該設立嬰兒送養市場時，我們必須問：應該是由哪個基準來管理父母與孩子之間的關係，以及買賣孩子會不會破壞這些基準。

公平及腐化的反對派，兩者對市場的內涵持有不同的看法。當特定財貨是珍貴或神聖或無價時，持公平論點的人並不反對將其市場化、付諸買賣，但他們反對在不平等的基礎嚴重到會造成不公平的議價條件時所進行的買賣。至於在基礎條件公平的社會中，他們並不反對將財貨商品化（無論那是性、腎臟，或是大學的入學許可）。

相對地，持腐化論點的人重視的是財貨本身的特性，以及應該用來管控這些財貨的基準。所以光是建立公平的議價條件並不足以符合這個基準。即使是在一個權力與財富沒有不正義差距的社會中，還是有些東西不應該用錢買。這是因為市場不僅是機制，還會體現特定的價值。而且，有時候，市場價值會排擠掉值得我們關注的非市場基準。

⊙非市場基準遭受排擠

這種排擠現象到底是怎麼發生的？市場價值又如此腐化、消滅或取代非市場基準呢？標準的經濟推論會假設，把某項財貨商品化——當成商品進行買賣——並不會改變它的特性；市場交易會在不改變財貨本身的情況下增加經濟效率。這正是經濟學家通常會支持下列行為的理由：利用金錢誘因引發想要的行為；高價演唱會、體育活動或教宗彌撒儀式的黃牛票；運用可交易的配額去分配汙染、難民及生育；贈送現金而不送禮物；利用市場去縮小對諸如腎臟等各種財貨的供需落差。「如果」你真的假設，市場關係及其培育出來的態度不會消滅交易財貨的價值，那麼市場交易應該會在不使任何人受害的情況下，讓雙方各蒙其利。

但是這項假設令人質疑。我們已經討論過許多有破綻的例子。當市場延伸、進入傳統上由非市場基準所管控的生活範疇時，認定市場不會影響或汙染在市場中交易的財貨的看法，愈來愈不可能存在。有愈來愈多研究證實了普通常識：金錢誘因與其他市場機制，可能會以排擠掉非市場基準的方式造成反效果。有時候，提供金錢鼓勵特定的行為，反而會降低行為的發生，而不是增加。

⊙核廢料貯存地點的爭議

多年來，瑞士一直在尋找一個可以存放該國放射性核廢料的地方。雖然瑞士重度依賴核能，但幾乎沒有任何社區願意讓核廢料存放在自己所居住的社區之中。其中選定的一個可能地點是位於瑞士中部山區、僅有二千一百個居民的小村莊沃芬希森（Wolfenschiessen）。一九九三年，就在針對這個問題的公投舉行前不久，某些經濟學家對村民做了一項調查。他們問村民：如果瑞士國會決定要在該社區蓋核廢料貯存設施，他們會不會投票接受？雖然這個設施普遍被該地區視為不受歡迎的增建物，但是有略高於半數（五一％）的居民表示自己會接受。顯然，他們對公民義務的觀念，強過於對危險性的擔憂。然後，經濟學家又加了一項有利條件：如果國會提議在你們社區蓋核廢料貯存設施，而且每年提供居民補償金，你贊不贊成？

結果支持率不升反降。附帶金錢誘因反而使支持率減半了，由原本的五一％下降至二五％。給錢反而降低了人民支持在當地設置核廢料貯存設施的意願。尤有甚者，增加籌碼也沒有幫助。當經濟學家提高補助金額時，結果仍維持不變。即使將現金補償提高至每人每年八千七百美元——這個數字已經遠超過家庭月所得的中位數——居民還是堅持立場，不為所動。在其他反對在自己社區中興建核廢料貯存設施的地區，人民對補償金也有類似，甚至產生更激烈的反應。

瑞士這個小村莊到底是怎麼了？為什麼多數人寧可免費接收核廢料，卻不願意收受補償金？

標準的經濟分析會說，給人們錢、讓他們接受某項責任，會增加而不是減少他們這麼做的意願。但是主持這項調查的經濟學家佛瑞（Brono S. Frey）和歐伯賀澤—吉（Felix Oberholzer - Gee）指出，價格效益有時候會因支持公眾利益等道德考量而產生混淆。對該社區的許多村民而言，願意接受核廢料貯存設施，反映的是公眾精神，也就是認同整個國家依賴核能，而核廢料又一定得找地方貯存的事實。如果他們的社區被認定是最安全的存放地點，他們就願意承擔這個重責大任。至於提供該村莊居民補償金，感覺上很像是賄賂、是買票。事實上，八三%反對補償金提議的村民表示他們不會被收買。這解釋了他們反對的理由。

你或許會以為，增加一項金錢的誘因只會增強既有熱心公益的氣氛，並因此強化村民對核廢料貯存設施的支持，畢竟兩種誘因——金錢和公民義務——不是強過只有一個嗎？其實並不盡然。認為誘因可以累加是錯誤的假設。相反地，對瑞士的好公民而言，對個人報酬的期待，會將一個公眾問題轉化為金錢問題。當市場基準入侵之後，他們的公民責任感便被排擠掉了。

這項研究的作者最後得到的結論是：「當公益精神勝出時，對於建設整個社會希求、但不受當地歡迎的設施，若想利用金錢誘因以提振支持率，所要付出的代價會高於標準經濟理論所建議的水準，因為這些誘因往往會排擠掉公民責任。」

這並不代表政府單位應該只要把決定強加在當地社區即可。高壓式的管制會比金錢誘因更傷害公益精神。反之，讓當地居民擁有自行衡量風險的能力、允許人民共同參與決定哪個地點最符合大眾利益、給予所在地的社區於必要時關閉該設施的權力等，都是比較肯定可以獲得大眾支持的方式，也都好過只是收買人心的嘗試。

用現金來籠絡人心，通常會遭到嫌惡，不過某種程度的補償則往往備受歡迎。各地方社區常會接受因在自己社區範圍內設置某些不受歡迎的公共工程（如機場、掩埋場、回收站等）而產生的補償。不過有研究顯示，如果是以公用財而非現金的形式作為補償，人民比較能接受。公園、圖書館、學校設備改善、社區中心，甚至跑步的步道或腳踏車車道等，都比錢更容易為人所接受。

從經濟效益的角度來看，這有點令人疑惑，甚至不合理。理論上，現金應該一定會比有形的公共財來得好才對，理由就跟我們在討論送禮時所觀察到的現象一樣。現金是可以到處流通的萬用禮物卡，如果給居民現金作為補償，他們隨時都可以決定將這筆意外之財集合起來，支付興建公園、圖書館或遊樂場的費用，所以這是可以將它們的效益發揮到最高的方式；再不然，他們也可以選擇把錢花在私人的消費上。

但是，這個邏輯遺漏了公民犧牲的意義。由於公共財肯定了決定地點所帶來的公民責任及共同承擔的犧牲，所以公共財會比給私人的現金更適合作為公共傷害及不便的補償。對接受新機場跑道或掩埋場的居民提供現金補償，可能會被視為是默許這個社區自貶身價的賄賂。至於一座新的圖書館、遊樂場或學校，是使用同樣金額的錢，藉著強化社區及推崇其公益精神，來酬謝社區居民所做的公民犧牲。

⊙募款獎金的副作用

金錢誘因在不如核廢料問題般嚴重的情況下，也會排擠掉公共精神。每一年，以色列的高中生都會在特定的「捐款日」，為了各種有意義的目標而挨家挨戶去募款，例如癌病研究、身障兒童救助等等。有兩位經濟學家做了一項實驗，以判斷獎金誘因對學生動機的影響。

他們將學生分為三組。對第一組的學生發表一篇簡短的激勵演說，告訴他們這個目標的重要性，然後就讓他們上路。第二及第三組也聽了同樣的演說，但另外還給他們獎金，該獎金的發放是根據他們所募得的金額而定，分別是一%及一〇%。獎金並不會從捐款中扣除，而是來自另一個來源。

你認為哪一組學生募到的錢最多？如果你猜是沒有獎金的那一組，那就對了。不拿獎金的學生募到的捐款，比可以獲得一%募款金額的那一組多出了五五%。可獲得一〇%募款金額的那一組所募到的捐款，則遠超過可以拿到一%獎金的那一組，但卻低於沒有獎金的那一組。（沒有獎金的志工所募到的錢，比最高獎金的那一組多了九％。）

這個故事的啟示何在？此研究的結論是：如果你要用獎金來激勵人們，要不就「付得足夠，否則就乾脆都不要給」。如果錢付得夠多，你就能得到想要的東西。雖然這或許是真的，但這並不是此一故事告訴我們的唯一一件事。其中還有關於錢是如何將基準排擠掉的教訓。

從某種程度上而言，這項實驗證實了大家很熟悉的一個假設：獎金誘因是有用的。畢竟，可以得到一〇％獎金的團體，募到的捐款遠高於只能得到一％獎金的那一組。但有趣的問題是：為什麼兩個有獎金的團體，會落後給不拿獎金的那一組？最可能的原因是：付錢給學生去做一件好事，改變了這個活動的性質。挨家挨戶勸募善款，重點不再是履行公民義務，而是賺取佣金了。獎金誘因將公益活動轉變為可賺錢的工作。這對瑞士的村民與以色列的學生都一樣，引進市場基準，擠掉或至少削弱了他們對道德及公民義務的承諾。

同一批研究學者所做的另一個值得一提的實驗，也產生類似的教訓。該研究與以色列的托兒所有關。就像我們之前已經看到的，對遲接孩子的父母處以罰款，並不能減少遲到父母的數目，反而使該數字增加；事實上，遲接孩子的情況幾乎倍增。家長將這種罰款視為他們願意支付的一種費用。不只如此，在大約十二週之後，當托兒所取消罰款制度，新增的遲到人數並未回跌，仍然居高不下。事實證明，一旦以錢解決這個手段侵蝕了應該準時出現的道德責任，過去舊有的責任感是很難重振的。

前述核廢料貯存設施、勸募善款，以及托兒所遲接這三個案例，描繪了將錢引進非市場的環境之後，會如何改變人們的態度，並將道德及公民責任排擠掉。市場關係的腐蝕效應，有時候會強到壓過價格效應，也就是，提供獎金誘因以誘使人們接受極危險的設施、挨家挨戶地去募款，或準時出現，反而會降低而不是增加人們這麼做的意願。

為什麼要擔心市場排擠非市場基準的這個趨勢呢？有以下兩個理由：一個是財政問題，另一個是倫理問題。從經濟學的角度來看，公德心及熱心公益這樣的社會基準是非常划算的，它們可以促進原本需要花很多錢才能收買的有用的社會行為。而比起仰賴民眾的公民責任感，如果只能靠金錢誘因來鼓勵民眾接受核廢料，勢必得多付許多錢。如果必須花錢請學生去募款，就得付出高於一〇％的佣金，才能獲得熱心公益免費創造出來的同等結果。

可是，如果只把道德及公民基準視為一種激勵人們符合成本效益的方法，就會忽略基準的真正價值。（就如同把現金禮汙名化，視為阻礙經濟效益的社會現象，卻不從道德角度來衡量它。）想要單純靠金錢來誘使民眾接受核廢料貯存設施，不僅成本高昂，也會敗壞人心。它逃避掉在衡量該設施為當地帶來的風險及國家對該設施的需求時，所要進行的說服及徵求同意的過程。同樣地，付錢給學生，要他們在募款日沿街去募款，不僅增加了募款的成本，也令他們熱心公益的精神蒙羞，並扭曲了他們所接受的道德及公民教育。

⊙商業化的影響

許多經濟學家現在承認，市場會改變它所掌控的財貨或社會事務的性質。最近幾年，賀許（Fred Hirsch）是第一個強調市場會對非市場基準帶來禍患的人。賀許是英國的經濟學家，也是國際貨幣基金會的資深顧問。一九七六年，在柴契爾夫人被選為英國首相的三年之前，貝克所著深具影響力的《人類行為的經濟分析》一書問世。同年，賀許在其著作中，質疑「無論透過市場或其他不同的方式所提供財貨的價值，都一樣」的假設。

賀許指出，主流經濟學忽略了他所說的「商業化的影響」。他的意思是說：「根據商業條件，而不是其他的基礎——例如勞務或責任的非正式交換、共同義務、利他主義、愛或感覺等——以排他性及主導性的方式供應產品或活動，對該產品及活動所造成的影響。」「幾乎總是隱晦不明的一般假設是，商業化的過程並不會影響產品。」賀許發現，這個錯誤的假設在當時崛起的「經濟帝國主義」中逐漸成形，貝克等人並試圖將經濟分析擴展至相鄰的社會和政治生活領域中。

賀許在兩年後去世了，享年僅四十七歲，所以他並沒有機會闡釋對主流經濟學的評論。之後的數十年中，在一些抗拒與日俱增之社會生活商品化及推動該趨勢的經濟推論人士心目中，他的書被視為小經典。前述的三個經驗實例支持賀許的見解——引進市場誘因及機制，可能會改變人們的態度，並排擠非市場價值。最近，其他的經驗主義經濟學家已在尋找商業化影響的進一步證據。

例如，在近年來顯著增加的行為經濟學家當中，艾瑞里（Dan Ariely）就曾做過一系列的實驗，說明了付錢要別人做事，尤其是去做一件好事，可能會致使他們付出的心力低於他們免費當志工時的付出。他提供了一個真實的案例。美國退休人士協會詢問一群律師，是否願意以每小時三十美元的折扣價，為有需要的退休人士提供法律諮詢，這些律師拒絕了。然後，美國退休人士協會又問他們，願不願意為有需要的退休人士提供免費的法律諮詢，律師都同意了。在很清楚了解自己是被要求參與一項慈善活動，而不是市場交易時，這些律師都慷慨同意了。

在社會心理學領域有愈來愈多的研究，為這種商業化的影響提出一種解釋。這些研究強調了內在的動機（例如道德信念或對手中工作的熱忱）與外在的動機（例如金錢或其他有形的報酬）之間的差異。當人們在做自己認為有價值的事時，給他們錢反而會貶低或排擠他們內在的興趣或承諾，而減弱了他們的動機。標準的經濟理論並不管動機的性質或來源為何，而是將所有的動機都解釋為偏好，並認定它們是可以累加的，卻忽略了金錢所具備的腐蝕性影響。

排擠現象對經濟學而言具有重要的意涵，它質疑市場機制和市場推論在許多社會生活領域中的運用，包括以獎金誘因來刺激教育、健康醫療、職場、志工團體與公共生活，以及其他內在動機或道德承諾都至關重要的情境。研究瑞士核廢料貯存設施場地的佛瑞（Bruno Frey）和經濟學家耶鎮（Reto Jegen）將其意涵綜合如下：「『排擠效應』可以說是經濟學中最重要的異常現象，因為它代表的是最基本經濟『原則』（提高金錢誘因可以增加供給）的反面。如果排擠效應有效，提高金錢誘因將會降低供給，而不是增加供給。」

⊙窮人的賣血生計

由英國社會學家提特穆斯（Richard Titmuss）針對捐血所做的經典研究報告，或許可以算是市場排擠非市場基準最知名的說明。提特穆斯在其一九七〇年出版的《禮品關係》（*The Gift Relationship*）一書中，比較了英國與美國的捐血中心制度。英國的制度是，所有輸血用的血都來自無報酬的自願捐贈者；而美國的制度則是，部分的血來自捐血者，部分的血購自商業血液銀行。美國商業血液銀行的血，大多來自貧窮而願意以賣血為生的人。提特穆斯支持英國的制度，反對將人類的血液視為可以在市場中買賣的商品。

提特穆斯提出許多數據，顯示僅只是從經濟和實務的條件來看，英國的捐血制度就比美國好。他主張雖然市場理應有效率，但美國的制度會造成長期性的血荒、血液被浪費、成本較高，以及血液遭到汙染的風險高等問題。提特穆斯也提出有關買賣人類血液的倫理辯論。

提特穆斯反對血液商品化的倫理論點，提供了可清楚辨識前述兩種反對市場的理由，分別是公平及腐化。他論點的一部分是：血液市場會剝削貧窮者（反對不公平的論點）。他發現美國以營利為目的的血液銀行，大多是去遊民區徵召供應者，而這些遊民通常都迫切需要立即可得的現金。血液的商業化造成更多的血是「由貧困、無技術、無業、黑人，以及其他低收入的族群所提供」。他寫道：「一種新的階級正在成形，那是被壓榨的一群血液高產量人口。」血液重新「由窮困者分配到富有者，顯然就是美國血液銀行制度的一個主要效應」。

不過，提特穆斯還有另一個異議，他認為將血液轉變為市場商品，會破壞人們對捐血的責任感，消滅利他主義的精神，並破壞具有社會生活有效特徵的「禮品關係」（反對腐化的論點）。看到美國，他會哀悼「近年來自願捐血人口的下降」，並將這種現象歸咎於商業血液銀行的興起。「商業化及血液的利潤，已將捐血人逼走。」提特穆斯指出，一旦人們將血液視為一種可以定期買賣的商品，就不太可能感受得到應該捐血的道德責任。雖然他並沒有使用「排擠」這個詞，但他所說的就是市場關係對非市場基準的排擠效應。買賣血液的普遍化，令捐血的美德遭到敗壞。

提特穆斯不只擔心捐血意願的下降，也憂心更廣泛的道德內涵。這種現象除了會對血液的量及質造成傷害，付出和奉獻精神的衰退，也會造成道德及社會生活的貧瘠。「利他主義精神在人類某活動領域中的下降，很可能也會導致其他領域的態度、動機及人際關係，發生類似的變化。」

雖然以市場為基礎的制度，並不會在某人想要捐血時加以阻止，但是制度中瀰漫的市場價值，對付出的基準具有毀壞性的效果。「社會在組織並建構其社會團體的方式——尤其是健康醫療制度——可能會鼓勵或打擊人們的利他主義心態。這些制度可能培養統合，也可能促成疏離。它們可允許『禮物的主題』——對陌生人的慷慨——在社會團體之中，以及世代之間推廣。」提特穆斯擔心在某些時刻，由市場推動的社會可能會變得過於不適於利他主義，所以可能會損及人們付出和奉獻的自由。他做了個總結：「血液與捐血者之間關係的商業化，壓抑了利他主義的表現，也破壞了社群的意識。」

提特穆斯的書激起了許多辯論。其中一位評論者艾羅（Kenneth Arrow），是當時美國最負盛名的經濟學家。艾羅並不是如傅利曼般的自由市場派人士，他早年的作品分析了健康醫療市場的不完美，但他強烈反對提特穆斯對經濟及市場的意見。艾羅引用了市場信心的兩個關鍵信條，就是通常經濟學家會主張但極少去捍衛、有關人類天性及道德生活的兩種假設。

⊙市場信心的兩個信條

第一個假設是，將某種活動商業化並不會改變這個活動。根據這個假設，金錢永遠不會腐化，而市場關係永遠不會排擠掉非市場基準。如果這個假設為真，那麼將市場擴展至生活中的各個層面，就會變得令人難以抗拒。就算把過去未曾用來交易的財貨拿來交易，也不會造成傷害。想買或賣的人都可以如願，效用因而可獲提升，而將這些財貨視為無價之寶的人，也可以自由地選擇不去進行交易。根據這個邏輯，允許市場交易可以造福某些人，但又不致不利於其他人——即便被買賣的財貨是人類的血液也一樣。就像艾羅所解釋的：「經濟學家通常會理所當然地認為，由於市場的創設增加了個人的選擇範圍，所以必然會帶來更高的利益。所以，如果在自願捐血的制度之外，再加上賣血的可能性，那只是進一步擴大了個人選擇的空間罷了。如果一個人能從付出獲得滿足，他還是可以繼續付出，沒有任何事會傷害到這項權利。」

這種推論的說詞主要是依據以下的想法：創設血液市場並不會改變其價值或意義。血液就是血液，無論被當成禮物或被拿來賣錢，都還是會達到維持生命的效果。當然，這裡會有危險的不只是血，還有出自利他主義的捐血行動。提特穆斯將獨立的道德價值加到驅動這項捐贈的慷慨上，可是艾羅不相信，即使這個行為也可能會因為市場的引進而受到傷害也一樣，他說：「為什麼創設血液市場就會減少捐血行動中的利他主義？」

這個問題的答案是，將血液商業化會改變捐血的意義。理由在於：在一個血液會被定期買賣的世界裡，去你家附近的紅十字會捐一品脫（四百七十三毫升）的血，還算是一種慷慨的行為嗎？或者，剝奪窮人賣血賺錢的機會，是否不公平？如果你想對捐血活動有所貢獻，是自己去捐血比較好，還是乾脆捐五十美元，讓他們用來向需要收入的遊民再買一品脫的血？想要當利他主義者的人如果因此被搞糊塗的話，一點都不能怪他們。

艾羅的評論中，市場信心的第二個信條是：道德行為是需要被經濟化的商品。這個想法是：我們不應該過於依賴利他主義、慷慨、團結或公民責任，因為這些道德的情操是會因使用而耗盡的稀有資源。依賴利己主義的市場，使我們不致用完限量供應的美德。舉例而言，如果我們仰賴大眾的慷慨來供應血液，可用於社會其他慈善活動的慷慨就會所剩無幾。不過，如果我們使用價格體系來創造血液的供給，人們利他主義的衝動就仍會在我們真正需要時出現，不致消滅。艾羅寫道：「和許多經濟學家一樣，我不想過度依賴以倫理道德取代利己主義。我認為整體而言，對倫理行為的要求，最好應該要限制在價格體系無效的情況下……我們不希望魯莽地用盡稀少的利他主義動機資源。」

顯而易見地，這種對美德的經濟學觀點，如果是正確的話，將會為擴張市場進入生活的每一個領域提供了更大的空間，包括那些傳統上由非市場價值所管理的東西。如果利他主義、慷慨以及公民道德等供給就如同化石燃料等資源一樣，都是限量的，那麼我們就應該嘗試節約使用。我們用得愈多，就會剩下愈少。根據這個假設，依賴市場多一點、依賴道德少一點，就是維護這種稀有資源的方法。

⊙愛要省著用？

這個想法最經典的言論是來自羅伯森爵士（Sir Dennis H. Robertson），他是劍橋大學的經濟學家，也是凱因斯的學生。他一九五四年在哥倫比亞大學二百週年演說中提出這個說法。羅伯森的演講題目提出了一個問題：「經濟學家在節約些什麼？」他想要表達的是，雖然經濟學家是為了迎合人類「侵略及貪婪的本能」，但他們還是背負著道德任務。

羅伯森一開始就承認，經濟學關心的是獲利的渴求，並不處理最高貴的人類動機。諄諄教誨更高美德，如利他主義、慈善、慷慨、團結和公民責任等，「是牧師、教友或神職人員的事」；「經濟學家扮演那個較謙卑、不受歡迎的角色，他們會在可能的範圍內，將牧師的工作簡化到較容易處理的層次」。

經濟學家如何幫忙呢？他們透過推動在任何可能的時間均依賴利己主義，而不是利他主義或道德考量的政策，使社會不致浪費稀少的道德資源。「如果經濟學家能善盡職責，我相信我們可以對節約資源稀少、全世界最珍貴的愛情一事做出莫大的貢獻。」

對於不太了解經濟學的人而言，用這種方式來思考慷慨的美德很奇怪，甚至很牽強。它忽略了一種可能性，那就是愛與行善的能力並不會因為使用而耗盡，反倒會由練習而增長。想像有一對情侶，如果在這輩子之中，對彼此幾乎毫無要求，希望能藉此儲存他們的愛，他們會走得多順利？難道他們的愛不會因為經常召喚而愈來愈深嗎？如果他們以精打細算的方式來對待彼此，將他們的愛為了未來真正需要的時候而保留起來，這樣會比較好嗎？

類似的問題也可以拿來思考社會團結及公民道德一事。我們應該試著保留公民道德，要人民盡情去購物，直到國家需要他們為公共利益犧牲為止？或者，人民會因為不使用公民道德及公共精神而導致其萎縮？許多道德家都抱持第二種觀點。亞里斯多德教導，道德是需要我們藉由不斷練習加以培養的：「我們因為行義，而變得正義；因為力行節制，而變得節制；因為力行勇敢，而變得勇敢。」

盧梭也有類似的觀點。國家對人民要求得愈多，人民就愈願意為國家奉獻。他說：「在組織良好的城市，每個人都會積極參與集會。」在一個腐敗的政府之下，沒有人願意去參與公共生活，「因為沒有人對公共事務感興趣」，而且「都在忙著自家的事」。公民道德是培養出來的，而不是耗盡的。實際上，盧梭認為不用的話就會失去它。「一旦公共服務不再成為公民的主要事務，人民寧可花錢了事而不是親身參與時，國家距離崩解之日就不遠了。」

羅伯森是用較漫不經心、猜測的態度提供他的觀察，但愛與慷慨是稀有資源，用了就會消耗掉的主張，還是持續對經濟學家的道德想像發揮強大的控制力，即使他們並不公開地爭辯。這並不像供需原理，是正式教科書中的原理，沒有人曾以親身經驗來證明。它比較像是許多經濟學家都還同意的一則諺語或民間智慧。

大約在羅伯森發表這場演說的半個世紀之後，時任哈佛大學校長的經濟學家桑默斯（Lawrence Summers）受邀到哈佛紀念教會演說。他選擇的講題是「經濟學可以如何幫助思考道德問題」，他說，經濟學「幾乎從未像肯定實用性那樣肯定過道德」。

桑默斯發現，經濟學家「非常強調對個人及對個人需求、品味、選擇和判斷的尊重」。接著，他用標準功利主義的角度看共同利益，視其為人們主觀喜好的總和：「許多經濟分析的基礎在於，利益是許多個人對於自己幸福衡量的總和，而不是可以在獨立的道德理論基礎的偏好之外進行客觀衡量的。」

他挑戰那些鼓吹抵制血汗工廠勞工製造產品的學生，藉以說明他的分析：「我們都會強烈譴責世界上許多勞工工作的環境，以及他們所領取的微薄酬勞。當然這種關心之中，還是有若干道德的力量認為，只要勞工都是自願受雇，他們選擇這個工作，是因為這是他們所能找到的最佳選擇。若將個人的選擇範圍限縮了，這算是出於尊敬、慈善，還是關心？」

最後，他回應那些認為市場依賴自私及貪婪的批判，作為總結：「我們內心都只有非常有限的利他主義。像我這樣的經濟學家，會把利他主義看成是需要節約的、非常珍貴也非常稀有的財貨。設計一種讓個人的欲求可以藉由維持自私獲得滿足、以節約利他主義的制度，並保留利他主義給我們自己的家庭、朋友，以及這個世界中市場所無法解決的許多社會問題，遠遠好過其他的方法。」

這等於是再次宣揚羅伯森的格言。你會留意到，桑默斯的版本甚至比艾羅的版本更嚴格：在社會及經濟生活中不加思索地使用利他主義，不僅會耗盡可用於其他目的的供給，甚至還可能減少我們為自己家人及朋友所保留的部分。

對道德的經濟觀點會激發市場的信心，並驅動其進入它們並不歸屬的地方。可是這個比喻有誤導之嫌。利他主義、慷慨、團結與公共精神，並不像使用後就會耗盡的商品一樣。它們更像肌肉，會因為鍛鍊而發展並變得更強壯。市場驅動的社會有一個缺陷是，它會讓這些美德變得毫無生氣。為了恢復我們的公共生活，我們需要更努力地去練習這些美德。

第 4 章 ／ 生與死的市場

人壽保險包含兩件事：
為了提供遺屬保障而分攤風險，
以及冷酷的賭博。
這兩件事向來以彆扭的組合共存著。
若是少了道德規範和法律的約束，
賭博的那一面就有可能蓋過社會用途。

四十八歲的萊斯（Michael Rice）在新罕布夏州蒂爾頓鎮一家沃爾瑪零售商店擔任副理，他在協助顧客把一部電視機搬上車時心臟病發作，暈倒在地，於一週後去世。他的一張壽險保單給付了三十萬美元的保險金，但這筆錢並非付給他的妻子和兩名子女，而是給了沃爾瑪公司。該公司替萊斯買了壽險，將自己列為受益人。

當萊斯的遺孀薇琪得知沃爾瑪收到這筆意外之財時，她怒不可遏。該公司憑什麼從她丈夫之死獲利？萊斯生前替該公司工作的工時很長，有時每週多達八十小時。她說：「他們讓麥克做得那麼辛苦，然後還領到三十萬？這很不道德。」

根據萊斯太太的說法，她跟她先生都完全不知道沃爾瑪公司替萊斯購買了壽險。當她得知此事，便向聯邦法院控告沃爾瑪，主張那筆錢應該付給她的家人，而非公司。她的律師表示，企業不該從員工的死亡獲利：「像沃爾瑪這樣的超大型企業，拿自家員工的生命做賭注，實在應受譴責。」

沃爾瑪的發言人承認該公司持有數十萬名員工的壽險保單，不單是副理階層的員工，而是連維修工人都包含在內。但他否認這等於該公司從員工的死亡獲利。他說：「本公司主張我們並未從員工的死亡獲利。」「我們在這些員工身上做了可觀的投資，」他接著說：「如果他們活下去的話。」以萊斯的例子而言，該發言人表示那筆保險金並非公司樂於收到的意外之財，而是補償公司之前訓練他及現在找人遞補他所需的花費。「他受過相當的訓練，也取得了經驗，要複製這些訓練和經驗都需要成本。」

⊙企業為員工投保

企業替執行長和高階主管購買壽險，以抵銷在他們身故時找人接替的可觀費用，這是行之已久的慣例。用保險業的行話來說，公司對其執行長具有法律所認可的「可保險利益」。然而，替一般員工購買壽險則是近來才有的事。這種保險在業界被稱為「工友保險」（janitors insurance）或「死農民保險」（dead peasants insurance）①，在大多數的州從前都不合法，因為法律不認為企業對其普通員工的生命具有「可保險利益」。然而，在八〇年代，保險業成功地遊說了大多數的州議員放寬保險法規，允許企業替上至執行長，下至收發室事務員等全體員工購買壽險。

到了九〇年代，大公司投資數百萬美元購買「歸屬公司壽險」（corporate-owned life insurance，簡稱COLI），創造出價值數十億美元的死亡期貨產業。替員工購買壽險的企業，包括美國電話電報公司、道氏化學公司、美國雀巢公司、匹尼鮑茲軟體公司、寶僑家品、沃爾瑪、迪士尼，以及溫迪克斯連鎖超市。有利的稅賦規定吸引企業去做這種病態的投資。一如傳統的終身壽險，死亡給付無須課稅，每年由保單所創造出的投資所得也是一樣。

很少有員工知道公司替他們的生命標了價格。大多數的州並未要求企業在替員工購買壽險時，必須知會員工或徵求員工的同意，而且大多數的「歸屬公司壽險」保單即使在員工辭職、退休或被解雇後都仍然有效，因此當員工在離開公司多年後死亡，企業仍可領取死亡給付。企業是透過社會保險局來追蹤前員工的存歿。在某些州，企業甚至能替員工的配偶和子女購買壽險，並且領取死亡給付。

大型銀行特別喜歡購買「工友保險」，包括美國銀行和摩根大通銀行。九〇年代末期，有些銀行考慮在替員工購買壽險之外，也替存款人和信用卡持有人購買壽險。

二〇〇二年，《華爾街日報》所做的系列報導引起了大眾對「工友保險」這項熱門生意的關注。該報導述及一名二十九歲的男子於一九九二年死於愛滋病，他曾在一家音樂商店短期任職，該商店所屬的公司在他死後獲得了三十三萬九千美元的保險金理賠，他的家人則分文未得。另一篇報導指出，一名二十歲的店員在德州一家便利商店裡被搶且遭到槍殺，該商店所屬的公司提出以六萬美元與那名年輕人的妻小和解，以平息任何可能的法律

①譯注：在中文裡尚無固定譯法。

訴訟，卻沒透露該公司因該名員工死亡而收取了二十五萬美元的保險金。此一系列報導也提到一樁鮮為人知的殘酷事實：「在九一一恐怖攻擊事件之後，第一批壽險給付當中有些並非付給罹難者的家屬，而是付給罹難者的雇主。」

到了二〇〇〇年代初期，有數百萬名員工的生命被納入「歸屬公司壽險」的保險範圍，占壽險銷售總額的二五至三〇％。二〇〇六年，美國國會試圖對「工友保險」加以限制，立法要求企業需取得員工的同意，並將「歸屬公司壽險」限定於企業內薪資最高的三分之一員工，但此一慣例仍舊持續。到了二〇〇八年，單單美國的銀行對其員工的壽險保額就高達一千二百二十億美元。「工友保險」在美國企業界的普及，使得壽險的意義和目的發生了轉變。《華爾街日報》系列報導的結語是：「這個鮮為人知的故事，告訴我們人壽保險如何從提供遺屬的一份保障，變成了企業的一項財務策略。」

企業應該得以從員工的死亡中獲利嗎？即便在保險業界，都有人認為這種做法引人反感。曾任「全美教師保險及年金協會」（簡稱 TIAA-CREF）董事長暨執行長的畢格斯（John H. Biggs）就稱之為「我總覺得這是令人作嘔的保險形式」，該協會是美國數一數二的退休與金融服務組織。不過，這種保險究竟是哪裡不對？

最顯而易見的反對理由很實際：允許企業從員工的亡故取得財務利益，對於工作場所的安全可不會有任何助益。正好相反。一家短缺現金的企業如果替員工保了數百萬美元的壽險，就產生了變態的誘因，讓他們在勞工健康安全的相關措施上苛扣花費。當然，沒有哪一家負責任的企業會公然在這種誘因之下如此做。蓄意導致員工死亡是一項罪行。允許企業替員工購買壽險並不代表授予公司害死員工的許可。

罔顧道德的企業，則可能會讓工作場所布滿致命的危險或對危險視而不見，但我猜想那些覺得「工友保險」「令人作嘔」的人，所指的乃是一種道德上的反對理由，超乎於這種風險之外。道德上的反對理由是什麼？能否令人信服？

這可能跟企業未取得員工的同意有關。假若你得知雇主在你不知情或並未同意的情況下，替你投保了壽險，會有什麼感覺？你可能會覺得自己被利用了。可是有理由抱怨嗎？如果這張保單的存在對你沒有壞處，雇主何以會有道德上的義務要知會你或取得你的同意？

畢竟「工友保險」是兩造當事人之間的自願交易——購買保單的企業（同時成為保險的受益人）和出售保單的保險公司。員工並非此一交易的當事人。KeyCorp這家金融服務公司的發言人直言：「員工並未支付保費，因此沒有理由向他們揭露保單的細節。」

有些州的看法則不同，它們會要求企業在替員工投保之前，必須取得員工的同意。當企業要徵求員工的許可時，通常會提供他們一小筆壽險給付作為誘因。在九〇年代，沃爾瑪公司替大約三十五萬名員工投保時，免費提供那些同意被納入保險之員工五千美元的壽險給付。大多數的員工都接受了，但他們並不知道若自己身故，家人可獲得的五千美元，與公司可領取的數十萬美元之間有著巨大的差距。

然而，未徵得員工同意並不是道德上反對「工友保險」的唯一理由。即使員工同意這種方案，在道德上依舊存在著某種令人反感之處。部分原因在於企業對員工的態度體現於這種保單之中。這種保險創造出「員工死了比活著更有價值」的情況，把員工物化了，員工被當成商品期貨，而員工對公司的價值原本應該存在於他們所從事的工作中。更進一步的反對理由是「歸屬公司壽險」扭曲了壽險的目的。壽險原本是為了提供家屬保障，如今卻成了企業的減稅措施。稅制何以鼓勵公司投資數十億美元於員工之死亡，而非投資於商品及服務的生產，這實在令人費解。

⊙拿別人的生命當賭注：絕症保單貼現

我們不妨考量另一種涉及複雜道德議題的壽險，藉以檢視這些反對理由。此一方式興起於八〇及九〇年代，由愛滋病的肆虐所促成，稱為「絕症保單貼現」產業（viatical industry）②。該產業所交易的，是愛滋病患及其他被診斷出罹患絕症者的壽險保單。此一產業的運作方式如下：假設某人持有十萬美元的壽險保單，而他被醫生告知只剩下一年可活。再假設他眼前需要錢來接受治療，或者只想在僅剩不多的日子裡過得好一點。一名投資者表示願意以折扣價向這名病患買下這張保單，比如說五萬美元，並且代為支付每年的保費。等到保單的原始持有人死亡，該投資者便可領取那十萬美元的保險金。

這個交易看起來皆大歡喜。垂死的保單持有人能取得他所需要的現金，而投資者能獲得可觀的利潤——只要那個人如期死亡。但是這樁交易有風險：雖然保單貼現投資保證在保單持有人死亡時給付一定金額的報酬（這裡的例子是十萬美元），投資報酬率卻得視當事人存活時間的長短而定。如果他一如預測在一年後死亡，以五萬美元買下十萬美元保單的投資者可說是賺取了暴利——年投資報酬率為一〇〇%（在此不計投資者所支付的保費，以及付給交易仲介人的費用）。但如果當事人再活了兩年，投資者就必須等待雙倍的時間才能領取同額的保險金，於是年投資報酬率就少了一半（這還未計入增加的保費支出會進一步減少所得的報酬）。假若該名病患奇蹟似地康復，又活了許多年，那麼投資者就可能毫無利潤可言。

② 譯注：本書後文中將解釋 viatical 一字源自拉丁文的「旅程」，尤指提供給即將踏上旅途之羅馬軍官的錢糧。為使文意清楚，本書中意譯為「絕症保單貼現」。

當然，只要是投資就會有風險。然而就保單貼現而言，其財務風險製造出一種道德困境，這在大多數其他的投資上都不會出現：投資者得期待那個把壽險保單轉賣給他的人早點死。被保險人活得愈久，投資者的投資報酬率就愈低。

可以想見，保單貼現產業努力淡化該行業這殘酷的一面。保單貼現交易仲介人將其使命描述為提供絕症病患財源，讓他們能更為舒適且有尊嚴地度過餘生。但不可否認的是，投資者得以因被保險人迅速死亡而獲得財務利益。羅德岱堡一家保單貼現公司的總裁佩吉（William Scott Page）說：「曾經有過一些報酬率驚人的例子，也有一些當事人活得比預期更久的恐怖故事。這可以說是保單貼現交易吸引人之處。因為沒有精確的科學能預測人的死亡。」

這些「恐怖故事」中有些衍生出訴訟，忿忿不平的投資者控告交易仲介人賣給他們未如預期般迅速「到期」的壽險保單。九〇年代中期，抗愛滋病的藥物問世，延長了成千上萬名愛滋病患的壽命，打亂了保單貼現業的算盤。一家絕症保單貼現公司的高階主管解釋延長壽命藥物的壞處：「原本預期壽命為十二個月卻變成了二十四個月，這的確會大大打亂你的投資報酬率。」一九九六年，治療愛滋病的抗反轉錄病毒藥物有了突破，導致舊金山一家名為「尊嚴夥伴」的絕症保單貼現公司股價從一四・五美元暴跌至一・三八美元。該公司旋即關門大吉。

一九九八年，《紐約時報》刊載了一則故事，敘述密西根州一名氣憤的投資者在五年前購買了莫里森（Kendall Morrison）的壽險保單，莫里森是個患有愛滋病的紐約人，當時病得很重。多虧了那些新藥，莫里森恢復了穩定的健康狀況，令該投資者相當沮喪。莫里森說：「以前我從來不覺得有誰希望我死掉。但他們一直用聯邦快遞寄信給我、打電話給我，像是在問：『你還活著嗎？』」

自從被診斷出染患愛滋病不再意味著被宣判死刑，絕症保單貼現公司就試圖將交易擴及癌症和其他絕症。無懼於愛滋病市場的衰退，該產業的同業公會「美國絕症保單貼現業協會」的主席凱利（William Kelley）對這門死亡期貨產業提出了樂觀的展望：「與染患愛滋病的人數相比，患有癌症、嚴重心血管疾病及其他絕症的人數十分龐大。」

不同於「工友保險」，絕症保單貼現的交易對社會顯然有好處——提供絕症病患金錢來度過餘生。再者，此一交易從一開始就徵得被保險人的同意（雖然在某些情況下，重病者也許缺少議價的能力來替自己的保單爭取合理價格）。保單貼現交易的道德問題不在於欠缺當事人的同意，而在於以死亡為賭注，使得投資者的利益，深植於被保戶的迅速死亡之上。

也許有人會說，保單貼現交易並非唯一以死亡為賭注的投資，壽險業也把我們的死亡轉換成商品。不過這兩者是有差別的：以壽險而言，出售保單給我的保險公司，所下的賭注是希望我能活得久一點，而不是死得快一點。我活得愈久，該保險公司就賺得愈多。就保單貼現交易而言，財務上的利益正好反過來。從保單貼現公司的角度來看，我死得愈快愈好。③

我何必在乎這個世界上是否有個投資者希望我死？也許我不必在乎，只要他不因此採取行動，也不要太常打電話來詢問我的現況就好。也許這件事只是讓人心裡有點發毛，但在道德上並無可議之處。也許這個道德問題並不在於對我的具體傷害，而在於對該投資者人格的腐蝕效應。是你的話，會想靠著賭某些人會早點死來賺錢嗎？

如果說，拿別人的死亡來當賭注只不過是另一種買賣，我想即便是熱烈擁護自由市場的人，也會猶豫是否該欣然接受此一觀念的全盤後果。試想，如果保單貼現交易在道德上可以跟人壽保險相提並論，那麼保單貼現產業是否也應該有權為了自身利益去進行遊說？既然保險業有權為了壽命延長對該產業的好處而進行遊說（透過強制繫上安全帶或禁菸等政策），那麼保單貼現產業不也該有權為了加速死亡對該產業的好處而進行遊說（透過削減聯邦政府給愛滋病或癌症研究的經費）？據我所知，保單貼現產業並未進行這樣的遊說工作。可是，如果對愛滋病患或癌症病患即將迅速死亡的可能性進行投資，是道德上所允許的話，那麼為什麼推動能促進此一目的之公共政策，在道德上會變得站不住腳？

德州的保守派議員齊桑（Warren Chisum）就是保單貼現交易的投資者。他是個「眾所周知的反同性戀鬥士」，成功地在德州恢復了對同性間性行為的刑罰，他也反對性教育，並投票反對協助愛滋病患的計畫。一九九四年，齊桑自豪地宣稱他投資了二十萬美元購得六名愛滋病患的壽險保單。他告訴《休士頓郵報》：「我賭的是這至少會有一七％的利潤，有時候還會高出許多。如果他們在一個月後死亡，投資報酬率真的很好。」

有人指責這位德州議員投票支持圖利他自己的政策，但此一指控方向是錯誤的，因為他按照自己的信念來決定投資，而非按照自己的投資來決定信念。這並非典型的利益衝突，其實還要更糟——這是一種在道德上被扭曲了的「社會良知投資」。

齊桑對保單貼現交易殘忍的一面表現得沾沾自喜，是一種例外。投資保單貼現的人很少是出於惡意，他們大多希望愛滋病患能活得健康長壽——除了那些在他們投資組合中的病患以外。

---

③作者注：比起壽險，按月支付直到死亡的終身年金和退休金，與保單貼現交易比較相近。年金領取者較早死亡對年金公司具有財務利益。不過，比起保單貼現交易，年金的風險池（risk pool）通常比較大，也比較不是針對某個特定的人，因此降低了對當事人早點死亡的「深植利益」。再者，賣年金的公司往往也賣壽險，因此長壽的風險通常可被抵銷。

在仰賴死亡謀生這件事上，投資保單貼現的人並非絕無僅有。驗屍官、殯葬業者和掘墓人也同樣仰賴死亡謀生，但沒有人會在道德上譴責他們。幾年前，《紐約時報》替湯瑪斯（Mike Thomas）做過人物速寫，這位三十四歲的底特律人是郡立停屍間的「收屍人」。他的工作是把死者的屍體從死亡地點運回停屍間，酬勞可以說是按照人頭來計算——每運回一具屍體十四美元。由於底特律的殺人案件比例很高，從事這份陰森的工作，他每年大約能賺一萬四千美元。可是當暴力案件減少，湯瑪斯的日子就不好過了。他說：「我知道這話聽起來很怪。我的意思是，我等著有人死掉，盼望有人死掉。但實情就是這樣，我就是靠這個來養我的小孩。」

用論件計酬的方式來支付收屍人的酬勞，也許可以節省開銷，但卻付出了道德上的代價。讓這名工作者從同胞的死亡獲利，可能會鈍化他的道德敏感度——也會鈍化我們的道德敏感度。這一點跟保單貼現交易很像，只不過有一個在道德上的重要差別：雖然那個收屍人是靠著別人的死亡來謀生，但他並不需要希望哪個特定的人早點死。只要有人死亡就夠了。

⊙死亡賭彩

可與保單貼現交易相比擬的是「死亡賭彩」，這是一種令人毛骨悚然的賭博遊戲，於九〇年代在網路上熱門起來，大約與保單貼現產業興起的時間相同。一直以來，人們會在辦公室裡集資、合賭哪支球隊會贏得超級盃，死亡賭彩等於是這種合賭的網路版，差別在於死亡賭彩並非由玩家下注於足球比賽的贏家，而是競相預測哪些名人會在當年度死亡。

許多網站提供此一病態遊戲的各種版本，網站命名為「嗜死賭彩」（Ghoul Pool）、「死亡賭彩」（Dead Pool）或「名人死亡賭彩」（Celebrity Death Pool）。其中最熱門的網站包括Stiffs.com，該公司在一九九三年舉辦頭一樁賭局，於一九九六年成為線上賭博遊戲。加入賭局的人支付十五美元的費用，提出一份他們認為可能在當年年底之前死亡的名人名單。猜中人數最多的投注者就能贏得三千美元的頭獎，第二名的獎金則是五百美元。這家公司每年都吸引了一千多人參加賭彩。

認真的玩家不會草率地決定名單，而會在娛樂雜誌和八卦小報裡搜尋病弱明星的消息。目前的賭盤看好影星莎莎・嘉寶（九十四歲）、葛理翰牧師（九十三歲）和古巴強人卡斯楚（八十五歲）。死亡賭彩的熱門人選還包括寇克・道格拉斯、柴契爾夫人、雷根夫人南西、拳王阿里、大法官魯絲・金斯柏格、物理學家霍金、歌手艾瑞莎・弗蘭克林，以及以色列前總理夏隆將軍。由於名單上大多是年邁與病弱之人，如果他們成功地押中死亡可能性不高的人選，像是黛安娜王妃、歌手丹佛等英年早逝之人，有些賭局會給予參賽者額外的分數作為獎勵。④

死亡賭彩在網路興起之前就已經存在，據說這種遊戲在華爾街的交易員之間已經流行了幾十年。由克林伊斯威特飾演哈利警探的系列電影中，最後一集是一九八八年的《賭彩黑名單》，劇情就涉及一樁死亡賭彩，該賭局導致賭彩名單上的多位名人被神祕謀殺。不過，網路與九〇年代的市場狂熱，這種以死亡為樂的遊戲因此重新受到矚目。

賭名人何時會死是一項消遣，無人靠此維生。然而，死亡賭彩所引發的道德問題，跟保單貼現交易，以及工友保險相同。在《緊急追捕令》電影中，參賽者作弊，試圖殺害他們挑中的死亡賭彩人選，但撇開這個不提，只是拿某個人的生命來賭博，從他的死亡中獲利，這件事有什麼不對嗎？這件事有令人不安之處。可是只要參與賭賽的人並未造成任何人的死亡，誰又有權抱怨？莎莎·嘉寶和拳王阿里會因為素昧平生的人拿他們何時死亡來賭博而過得比較差嗎？在死亡名單上名列前茅也許會令人感到受辱，但我認為此一遊戲在道德上的卑劣之處，主要在於它所表現並加以宣揚的那種面對死亡的態度。

這種態度是輕浮和執迷的混合體，有害身心——聚焦於死亡，卻又把死亡當兒戲。參加死亡賭彩的人並非只是單純下注，而是參與了一種文化。他們花費時間和精力來研究所賭之人的預期壽命，對於名人的死亡培養出不當的關注。死亡賭彩網站上淨是有關名人患病的消息，助長了這種以死亡為樂的迷戀。你甚至可以訂購一項名為「名人死訊提醒」的服務，每當有名人死亡，該項服務就會發電子郵件或簡訊通知你。參與死亡賭彩「的確會改變你看電視和關心新聞的方式」，管理Stiffs.com網站的巴克斯特（Kelly Bakst）這樣說。

一如保單貼現交易，死亡賭彩在道德上令人不安，因為這種賭博販賣病態。可是不同於保單貼現交易，死亡賭彩對社會並無實用的助益，而僅僅是一種賭博的形式，一項獲利和消遣的來源。死亡賭彩固然令人憎惡，卻還算不上我們這個時代最嚴重的道德問題，在罪惡的高下等級裡，它只算是小惡。然而，死亡賭彩耐人尋味之處在於，作為一種限制情況，它揭露出在一個以市場為導向的時代，保險這件事的道德命運。

人壽保險向來是合而為一的兩件事：為了彼此的保障而分攤風險，以及冷酷的賭博、針對死亡而做的防備。這兩個面向以彆扭的組合共存著。若是少了道德規範和法律的約束，賭博的那一面就有可能越過社會用途，而壽險存在的正當性本是源自其社會用途，一

④編注：此段文中的「目前」指的是本書於美國出版的二〇一二年；以上人物除大法官金斯伯格之外，於本書出版前皆已逝世。

旦社會用途消失或被遮蔽，就泯除了區隔保險、投資和賭博之間的脆弱界線。壽險從一種提供遺屬保障的制度，轉變成只是另一件金融商品，最終變成拿死亡來賭博，只有參與賭博的人獲得趣味和利益，對社會卻毫無益處。死亡賭彩雖然看似無聊而不足道，其實卻是人壽保險可怕的孿生兄弟——沒有社會利益作為補償的賭博。

工友保險、保單貼現和死亡賭彩於八〇及九〇年代出現，可被視為二十世紀末將生死商品化的事件。二十一世紀的頭十年，此一趨勢將繼續向前推進。不過，在說到現今之前，且讓我們先回顧過去，回想壽險一開始就掀起的道德不安。

⊙人壽保險的道德簡史

我們通常認為保險和賭博是對風險的不同反應。保險減輕了風險，而賭博則是追求風險；保險跟未雨綢繆有關，賭博則涉及投機。然而這兩種活動之間的界線一向並不穩定。

在歷史上，為生命投保和拿生命賭博之間的密切關連，使得許多人認為壽險與道德有所牴觸。**壽險不僅為謀殺製造了誘因，也錯誤地替人命定出了市場價格。有幾百年的時間，人壽保險在歐洲大多數的國家都遭到禁止**。十八世紀一位法國法學家寫道：「人命不能是商業的對象，把死亡變成商業投機的來源是可恥的。」許多歐洲國家在十九世紀中期以前並沒有人壽保險，而在日本，最早的人壽保險是直到一八八一年才出現的。由於缺乏道德上的正當性，「在大多數國家，人壽保險是直到十九世紀中或末期才發展起來」。

英國是個例外。從十七世紀末開始，船東、揹客和保險商就聚集在倫敦的勞氏咖啡館，那是海上保險的中心。有些人替自己的船隻及貨物平安歸來而投保，另一些人則拿除了賭注之外與他們並無利害關係的生命和事件打賭。許多人替並非自己所擁有的船隻「投保」，希望能在船隻於海上失蹤時獲利。保險與賭博混而為一，由保險商充當莊家。

當時的英國法律並未對保險或賭博加以限制，兩者幾乎難以區分。到了十八世紀，保險的「投保人」針對各種事件下賭注，包括選舉結果、國會解散、兩名英國貴族將會被殺、拿破崙被俘或死亡，以及女王在登基紀念日之前幾個月的生死。這種投機的賭博被稱為保險交易的冒險部分。被拿來賭博的熱門主題，還包括圍攻和戰役的結果、英國首相沃波爾（Robert Walpole）「廣被保險的生命」，以及國王喬治二世能否活著從戰場歸來。當法國國王路易十四於一七一五年八月病倒，英國駐法國的大使下注賭那位太陽王活不過九月。（那位大使賭贏了。）「受大眾矚目的男士或女士，通常為這類賭博性質的保單提供了對象」，成了今日網路死亡賭彩的前身。

有一個格外冷酷的保險賭注，涉及八百名德國難民。他們於一七六五年被帶到英國，後來遭棄於倫敦市郊，沒有食物和棲身之所。當時聚集在勞氏咖啡館的投機客和保險商拿

「多少難民將於一週內死亡」來賭博。

大多數人會認為這樣的賭博在道德上駭人聽聞，可是從市場推論的立場來看，很難說此事在哪一方面引人反對。只要那群難民的困境並不能歸咎於參與賭博的人，那麼打賭難民何時會死，又有什麼不對？經濟學的推論向我們保證，這一賭注對參與賭博的雙方都有好處，否則他們就不會賭。那些難民想必不知道有此一賭，因此對他們也沒有壞處。至少這是贊成壽險市場不必受任何約束的經濟學邏輯。

如果拿死亡來打賭有可議之處，原因必然是出在市場邏輯之外，也就是這類賭博所表現出的罔顧人性的態度。就參與賭博的人本身而言，他們對死亡和苦難漫不在乎，顯示出其人格不良。就整體社會而言，這種態度以及助長此一態度的制度，致使社會風氣變得粗俗而腐化。如同我們在商品化的其他例子中所見到的，腐化或對道德規範的排擠，就其本身而言，未必是拒絕市場的適當理由。然而，由於拿陌生人的性命來賭博，在獲利和低級趣味之外並未提供任何社會利益，此一活動的腐化特質就形成了要管控此活動的強烈理由。

在英國，拿死亡來賭博一事的氾濫，引起大眾對這種陋習的嫌惡。此外，當時還有另一個要限制這種賭博的理由。人壽保險逐漸被視為負擔家計者保護家屬免於貧困的審慎做法，然而由於其與賭博的關連，壽險在道德上產生了瑕疵。為了讓壽險成為在道德上站得住腳的行業，必須跟金錢投機脫鉤。

這一點終於隨著英國於一七七四年制訂《保險法》（也被稱為《賭博法》）而達成。該法禁止拿陌生人的性命賭博，並且限定唯有對被保險人之生命具有「可保險利益」的人才能投保壽險。由於完全不受約束的壽險市場導致了「惡意的賭博」，議會現在禁止所有對生命的保險，「除非被保險人的生死對投保人而言有利害關係」。歷史學家克拉克（Geoffrey Clark）寫道：「簡而言之，《賭博法》限制了人命能被轉換成商品的程度。」

在美國，壽險的道德正當性發展得很慢，直到十九世紀末才奠定。雖然在十八世紀已經成立了幾家保險公司，但大多只出售火險和海上保險，壽險遭到「文化上的強烈抗拒」。如同齊立澤（Viviana Zelizer）所寫：「把死亡放進市場，此舉冒犯了倡言生命神聖與無價的價值體系。」

到了一八五〇年代，壽險業開始成長，但只強調其保護的目的，而淡化其商業面向：「直到十九世紀末，人壽保險避免使用經濟學的術語，而用宗教象徵包裝，多宣傳其道德價值，而非財務利益。人壽保險被當成一種無私、利他的禮物來行銷，而非一種可獲利的投資。」

漸漸地，壽險提供者不再羞於把壽險當成投資工具來兜售。隨著壽險業的成長，壽險的意義和目的也有了改變；從前被謹慎地當成保護妻小的善舉來行銷，後來演變成一種儲蓄和投資的工具，也成了企業的例行公事。「可保險利益」的定義從家人和眷屬擴及事業合夥人和重要員工，企業得以替高階主管投保（雖然不能替工友或一般員工投保）。到了十九世紀末，壽險的商業做法「助長了純粹出於商業目的來為生命投保」，把「可保險利益」擴及「彼此之間只有經濟利益的陌生人」。

將死亡商品化的道德疑慮仍舊揮之不去。齊立澤指出，一個足以說明此種疑慮的指標，就是壽險業務員的需求。保險公司很早就發現民眾不會主動購買壽險，即使當壽險已被廣為接受，「死亡仍舊無法被轉化成例行的商業交易」，因此才需要有人去找客戶，就這項保險產品的好處，說服客戶克服其本能上的排斥。

一種涉及死亡的商業交易，其尷尬之處也說明了保險業務員傳統上何以不受尊重。這不僅是由於他們的工作觸及死亡。醫師和神職人員的工作也和死亡有關，但他們並未因此而染上汙名。壽險業務員被烙上汙名是因為他是「死亡的『推銷員』，靠著眾人最悲慘的不幸來賺錢謀生」。這個烙印在二十世紀仍舊存在，儘管業界努力把這門職業專業化，壽險業務員仍然無法克服「把死亡當成生意」所引起的嫌惡。

在「可保險利益」這項要求的限制下，只有對所保險對象之生命具有優先利害關係的人才能投保壽險，不管這份利害關係是家庭上還是財務上的。此一限制有助於把壽險與賭博區分開來——不再有人只是為了賺錢而拿陌生人的性命來賭博。然而，這個區分並不如表面看起來那麼牢靠。原因在於：法院判定一旦你持有一張壽險保單（要符合「可保險利益」的要求），你就可以任意處置這張保單，包括賣給另一個人。這種所謂的「轉讓權」代表壽險是一種財產，就跟其他財產一樣。

一九一一年，美國最高法院確認了出售或「轉讓」壽險保單的權利。為法院撰寫判決文的大法官何姆斯（Oliver Wendell Holmes, Jr.）注意到這其中的問題：讓大家有權把自己的壽險保單賣給第三者，此舉破壞了「可保險利益」的要求。這表示投機者可以重新進入市場，「當投保人與被保險人的生命沒有利害關係時，這樣一紙保險契約就是純粹的賭博，讓投保人在被保險人生命結束這件事上具有邪惡的相反利益」。

這正是幾十年後，隨著保單貼現交易而浮現的問題。回想一下紐約那名愛滋病患莫里森賣給第三者的壽險保單。對買下那張保單的投資者而言，那只是純粹的賭博，賭莫里森還能活多久。當莫里森拒絕迅速死亡，那名投資者便發現自己「在被保險人生命結束這件事上，具有邪惡的相反利益」。這就是那些電話和用聯邦快遞寄送的詢問所表達的訊息。

大法官何姆斯承認，「可保險利益」這項要求的意義，就在於防止壽險發展為拿死亡來賭博，「一種惡意的賭博」。但他認為這個理由不足以防止壽險的次級市場出現，能夠把投機者再帶回市場。他的結論是：「在我們這個時代，壽險已然成為眾所公認的投資與強迫儲蓄的形式。在合理的安全所允許的範圍內，賦予壽險保單一般財產的普通特徵，乃屬適當。」

一個世紀以後，當年讓何姆斯左右為難的困境已加深加劇。區分保險、投資和賭博的界線已經完全消失。九〇年代的工友保險、保單貼現交易和死亡賭彩只是個開端。如今，交易生死的市場已經逾越了曾經約束此一市場的社會目的和道德規範。

⊙「恐怖攻擊行動」的期貨市場

假設有一個不只是用來娛樂的死亡賭彩：想像有一個網站能讓你不只是拿電影明星的死亡來賭博，而是賭哪些外國領袖會遭到暗殺或被推翻，或是賭下一次的恐怖攻擊事件會發生在哪裡。再假設此種賭彩的結果能產生有價值的情報，讓政府得以用來保衛國家安全。二〇〇三年，美國國防部底下的一個單位就提議架設這樣一個網站。五角大廈稱之為「政策分析市場」，媒體則稱之為「恐怖攻擊行動期貨市場」。

這個網站是美國國防部的「高等研究計畫署」（簡稱DARPA）所想出的點子，該署負責發展作戰與情報蒐集的創新科技。他們的想法是讓投資者拿各種可能的情境來買賣期貨契約，一開始是與中東有關的事件。情境範例包括：巴勒斯坦的領袖阿拉法特會遭到暗殺嗎？約旦國王阿布杜拉二世會被推翻嗎？以色列是否會成為生化恐怖攻擊的目標？另一個情境範例則與中東無關：北韓會發動核武攻擊嗎？

由於交易者必須把自己的錢押注在他們所做的預測上，那些願意押注大錢的人，想來就是那些握有最佳情報的人。如果期貨市場善於預測石油、股票和大豆的價格，那麼何不利用這種預測能力來預期下一次的恐怖攻擊事件？

這個賭博網站的消息，在美國國會中引起震怒。民主黨與共和黨的議員同聲譴責這個期貨市場，使得國防部旋即取消了此一計畫。反對的怒火一部分源自懷疑這個方案是否能夠奏效，但大部分是出於道德上的厭惡：政府怎能開辦以災難事件為賭注的賭彩？美國政府怎會邀請大眾拿恐怖事件和死亡來賭博，並且獲利呢？

北達科他州參議員竇根（Byron Dorgan）質問：「各位能夠想像別的國家會開設一個投注站，讓大家去賭美國的哪個政治人物會被暗殺嗎？」俄勒岡州參議員魏登（Ron Wyden）和竇根聯名要求撤銷該計畫，稱該計畫「令人嫌惡」，他說：「一個拿暴行和恐怖攻擊事件來賭博的聯邦投注站，這個點子不但荒唐，而且詭異。」身為國會多數黨領袖的南達科他州參議員戴許（Tom Daschle）稱該計畫「不負責任而且令人震怒」，又說：「我無法相信真有人會認真地提議我們要拿死亡來交易。」加州參議員波克瑟（Barbara Boxer）說：「此事有十分病態之處。」

五角大廈並未回應這些道德質疑，反倒發表了一則聲明，列出該計畫背後的原則，論點是期貨交易不僅能有效預測商品價格，也能有效推測選舉的結果和好萊塢電影的票房：「研究指出，市場在蒐集零散乃至被隱藏的資訊上極端有效、及時且有效率。期貨市場證明自己擅長預測如選舉結果之類的事，且往往更優於專家的意見。」

有幾位主要是經濟學家的學者表示同意。一位學者寫道：「很遺憾看到不良的公共關係毀掉了情報分析中一項可能的重要工具。」反對的怒火造成該計畫的優點無法得到適當的評價。有兩位史丹佛大學的經濟學家在《華盛頓郵報》上寫道：「金融市場在聚集資訊一事上力量驚人，往往比傳統的方法更善於預測。」他們以「愛荷華電子市場」為例，那是個網路期貨市場，在預測幾次總統大選結果時，比民意調查更準確。另一個例子則是柳橙汁期貨。「柳橙汁濃縮液的期貨市場比國家氣象局更能準確預測佛羅里達州的天氣。」

就預測而言，市場具有一項勝過傳統情報蒐集的優點，那就是市場不會蒙受官僚和政治壓力所造成的資訊扭曲。曉得某件事的中階專家可以直接進入市場，把錢投資在他們所堅信的事情上，而這些本來可能被上級壓下來、永遠不見天日的資訊因而產生。回想一下中情局在伊拉克戰爭前，要做出海珊總統握有大規模毀滅性武器的結論所承受的壓力。在這個問題上，一個獨立的打賭網站會比中情局局長譚納表示出更大的懷疑，當時譚納宣稱毀滅性武器的存在就像「灌籃」一樣十拿九穩。

不過，支持「恐怖攻擊行動期貨市場」的論點，建立在強調市場力量這個更大、更廣的主張上。隨著「市場至上」的觀念高漲，捍衛此計畫的人士道出了一種市場信仰的新信條，此一信條隨著金融時代而出現：市場不僅是生產與分配貨物最有效的機制，也是聚集資訊與預測未來的最佳方式。由高等研究計畫署所提議的這個期貨市場，其長處在於將能「戳醒固執的情報界，使其明白自由市場的預測能力」。此舉將能使我們睜開眼睛，看見「決策理論家幾十年前就知道的事：事件發生的或然率可從眾人願意下的賭注來衡量」。

自由市場不但有效率，還能預測未來，此一主張引人矚目。並非所有的經濟學家都同意這個看法，有些經濟學家主張期貨市場善於預測小麥的價格，但很難預測罕發的事件，像是恐怖攻擊行動。但也有經濟學家堅持，就蒐集情報而言，專家組成的市場要比對大眾開放的市場更有效。高等研究計畫署的這項計畫也面臨以更特殊的理由提出的質疑：該市場是否有可能被恐怖分子所操弄，讓他們得以從事「內線交易」，從一樁攻擊事件中獲利？或是讓他們得以藉由賣出恐怖攻擊行動期貨來隱瞞攻擊計畫？再者，舉例而言，大家真的會去賭約旦國王將被暗殺嗎？如果他們知道美國政府將會利用這項資訊來防止暗殺事件的發生，從而讓他們賠上賭注呢？

撇開這些實務上的問題不談，道德上的反對理由呢？由政府來主持，以死亡和災難為對象的賭彩令人嫌惡。假設實務上的困難能被克服，也就是「恐怖攻擊行動期貨市場」若能被設計出來，而且在預測暗殺事件和恐怖攻擊行動上，比傳統的情報單位做得更好，那麼對於拿死亡和災難來賭博的道德嫌惡，是否會是反對此舉的充分理由？

假如政府提議要主持一個「名人死亡賭彩」，那麼答案顯而易見：由於此舉不能增加任何社會利益，沒有理由提倡這種對旁人死亡與不幸的冷漠無情，或者更糟的說法是，這種樂見旁人死亡與不幸的陰森癖好。這種賭博方式由民間來經營就已經夠糟了，恣意拿死亡來賭博，會腐蝕人的同情心和正當行為，政府應該加以勸阻，而非提倡。

不同於死亡賭彩，由於「恐怖攻擊行動期貨市場」聲稱自己做的是好事，導致它在道德上更為複雜。假定它能發揮作用，就能產生寶貴的情報，這使得它可與保單貼現交易相提並論。在這兩件事上，道德上的兩難具有相同的結構：我們是否應該付出道德上的代價，讓投資者在他人死亡與不幸上具有深植的利益，以促成值得的目的——也就是讓垂死的人有錢負擔醫療費用，或是阻止恐怖攻擊行動？

有些人會說：「當然應該。」這是某位經濟學家的回答，他協助建構高等研究計畫署的該項計畫：「藉蒐集情報之名，世人說謊、欺騙、偷竊並且殺人。相形之下，我們的提議非常溫和。我們只不過是根據誰預測得對，從某些人那裡拿到錢，再把錢交給另一些人。」

然而，這個回答失之簡單，忽視了市場會排擠道德規範。當參議員和社論撰稿人指責恐怖攻擊行動期貨市場「令人震怒」「令人嫌惡」和「詭異」時，他們所指的是此事在道德上的醜陋，也就是投資於某人的死亡，並且希望此人會死以求獲利。雖然這樣的事已經在我們社會的某個角落發生，但是讓政府來主持一個將此事變為例行公事的機構，將在道德上產生腐化的作用。

也許，在迫不得已的情況下，這是個值得付出的道德代價。關於腐化的論點並不總是具有決定性，但這些論點將我們的注意力導向市場擁護者往往忽略的道德考量。假如我們深信，「恐怖攻擊行動期貨市場」是保護國家免受恐怖分子攻擊的唯一途徑或最佳途徑，我們可能會決定承受此一市場將造成的道德敏感度降低。然而這將會是一樁魔鬼交易，即令如此，對此事令人嫌惡之處保持警惕仍然很重要。

當交易死亡的市場變得司空見慣，要保留此事在道德上的汙名並不容易。在這個壽險成為投機工具的時代，一如在十八世紀的英國，我們應將這一點牢記在心。如今，拿陌生人的性命來賭博已經不再是個別的賭博遊戲，而是一門大產業。

⊙拿老人的死亡來賭博

延長生命的愛滋病藥物，對健康而言是種恩賜，對「絕症保單貼現」交易卻是個詛咒，因為投資者發現自己得繼續支付壽險保費，保單卻未如預期那樣迅速「到期」。這門行業若要存續，保單貼現交易的經紀人就得找到更可靠的死亡來投資。在把目光投向癌症病患與其他的絕症病患之後，他們想出了一個更大膽的主意：何必把這門生意局限於患病之人？為何不向想賺一筆的健康老人買下壽險保單？

布爾格（Alan Buerger）是這個新產業的先鋒。在九〇年代初期，他向企業出售工友保險。後來當國會刪減了工友保險的稅賦優惠，布爾格考慮轉而投入絕症保單貼現交易，但他隨即想到，健康而富有的老年人提供了一個更大、更有利可圖的市場。布爾格告訴《華爾街日報》：「我當時的感覺彷彿靈光乍現。」

二〇〇〇年，他開始向六十五歲以上的老年人購買他們的壽險保單，再轉賣給投資者。這門生意的運作方式，跟絕症保單貼現一樣，只不過預期壽命比較長，而保單的價值通常更高，往往在一百萬美元以上。投資者向不想再持有保單的人購買保單，並代為支付保費，等那些人去世之後，領取死亡給付。為了避免沾上絕症保單貼現交易所染上的汙名，這個新產業自稱為「生命安頓」（life settlement）。布爾格的「考文垂第一公司」（Coventry First）是這一行的佼佼者。

「生命安頓」產業自詡為「壽險的自由市場」。從前，壽險保單的持有人若不想或不需要再繼續投保，就只能中止投保，或是在某些情況下向保險公司換得一小筆解約金。現在，他們可以把不想再持有的保單賣給投資者，拿到更多的錢。

聽起來這在各方面都是一樁好交易。老年人用他們不想再持有的壽險保單換得合理的價錢，投資者則在保單到期時獲得保險金。然而，壽險的這個次級市場引發了許多爭議和大量的訴訟。

有一項爭議是起於保險業的經濟狀況。保險業本身並不喜歡「生命安頓」的保單貼現交易。在設定保費時，保險業早就假定有一定數目的人會在死亡之前就放棄保單。一旦子女長大成人，配偶也生活無虞，保單持有人往往會停止支付保費，任由保單失效。事實上，將近四〇%的壽險保單最後都並未支付死亡給付。然而，隨著愈來愈多的保單持有人把保單賣給投資者，中止的保單變少了，而保險公司就必須支付更多的死亡給付（亦即付給繼續繳交保費，並且在最後領取保險金的投資者）。

另一項爭議則涉及拿生命來賭博在道德上的尷尬。「生命安頓」就跟絕症保單貼現一樣，投資的獲利率取決於被保險人何時死亡。二〇一〇年，《華爾街日報》報導德州一家名為「終身夥伴控股」的「生命安頓」公司，在把保單轉賣給投資者時，故意低估保單持有人的預期壽命。例如，該公司把一張價值二百萬美元的保單轉賣給投資者，被保險人是愛達荷州一名七十九歲的農場主人，該公司聲稱那人只剩下兩年至四年的壽命。但是過了五年，那位時年八十四歲的農場主人仍舊老當益壯，在跑步機上跑步，外加舉重和劈柴。他說：「我壯得跟一匹馬一樣，很多投資者會大失所望。」

《華爾街日報》發現那位健壯的農場主人並不是唯一一樁令人失望的投資。終身夥伴控股所仲介的保單當中，有九五％的被保險人在該公司所預期的壽命終了時都還健在。這些過度樂觀的死亡預測，乃是由內華達州雷諾市一名受雇於該公司的醫師所提出的。在這篇報導刊出後不久，該公司就因其可疑的壽命估計，而受到德州證券監管局與證券與交易委員會的調查。

德州另一家「生命安頓」公司在二〇一〇年被州政府勒令關閉，理由是該公司在預期壽命上誤導投資者。沃思堡的布瑞迪（Sharon Brady）是位退休警官，她被告知投資於年邁陌生人的預期壽命可以有一六％的年獲利率。她說：「他們拿出一本冊子，讓我們看到照片和那些人的年紀。一位醫師逐一說明那些人都有哪些毛病，以及他們大概還能活多久。」「你不應該希望某個人會死，可是如果他們死了你就能賺到錢。所以你等於是在賭他們什麼時候會死。」

布瑞迪說她「覺得這事有點古怪。你投入的錢竟能獲得這麼高的報酬率」。這個提議令人不安，但在財務上卻極具吸引力。她和她丈夫投資了五萬美元，後來卻得知那些壽命預估可以說是好得令人難以置信。「顯然那些人存活的時間，要比那位醫師告訴我們的長上兩倍。」

這門生意的另一個引起爭議之處在於，該產業以創新手法來尋找可出售的保單。到了二〇〇〇年代中期，壽險的次級市場成了一門大生意。對沖基金及瑞士信貸銀行和德意志銀行這些金融機構，花費了數十億美元來購買富有老年人的壽險保單。隨著對這類保單的需求增加，有些經紀人開始付錢給並未持有保單的老年人，請他們投保高額壽險，然後再把保單轉賣給投機者。這種保單被稱為「投機者發起的壽險保單」（speculator-initiated policies），或是「迅速轉手的壽險保單」（spin-life policies）。

二〇〇六年，《紐約時報》估計這類保單的市場一年將近一百三十億美元。該報述及招攬新生意的那種狂熱：「此一交易獲利如此豐厚，以致他們千方百計招徠老年人。在佛羅里達州，投資者招待老年人免費搭乘遊輪，只要他們願意在船上接受身體檢查並且申購壽險。」

在明尼蘇達州，一名八十二歲的男子向七家不同的公司購買了價值一億二千萬美元的壽險，再以可觀的利潤把保單賣給投機者。保險公司大喊犯規，控訴這種純屬投機的使用壽險方式違背了壽險的基本目的，也就是保護家屬免於陷入財務困境；再者，對於有正當投保需要的顧客而言，由投機者主導的保單將會把壽險保費拉高。

好些由投機者主導的保單最後上了法庭。在某些案子中，保險公司拒絕支付死亡給付，聲稱那些投機者缺乏「可保險利益」。「生命安頓」公司則主張許多保險公司都歡迎這種由投機者發起的保險生意及其高額保費，包括保險業巨人美國國際集團（AIG）在內，卻只有面臨要支付保險金時才抱怨。其他的訴訟則是老年人控告招攬他們購買壽險再轉賣給投機者的仲介人。

電視脫口秀主持人賴瑞金就是個不滿的客戶，他買了兩張壽險保單又立刻轉賣，總面額為一千五百萬美元。他忙了半天，拿到一百四十萬美元，但他在一樁訴訟中聲稱仲介人在佣金、服務費和稅務問題上誤導了他。賴瑞金還抱怨他查不出如今他的死亡會給誰帶來財務上的利益。他的律師說：「我們不知道持有者是華爾街的一支對沖基金，還是個黑手黨老大。」

保險公司與「生命安頓」公司之間的戰爭，也在全美各州的議會裡展開。二〇〇七年，高盛銀行、瑞士信貸銀行、瑞銀集團、貝爾斯登銀行，以及其他幾家銀行，組成了「法人壽險市場協會」來推廣「生命安頓」產業，並且進行遊說，反對政府對此一產業加以限制。該協會的宗旨是：為「長壽與身故相關交易」創造出「創新的資本市場解決方案」。這是拿死亡來賭博之市場的委婉說法。

到了二〇〇九年，大多數的州都制訂了法律，禁止迅速轉手的壽險保單或「陌生人發起之人壽保險」（stranger-originated life insurance, STOLI），這是此類保險後來的名稱。但是法律允許經紀人繼續交易購自生病或年邁之人的壽險保單，只要他們之前購買保單是出於自發，而非在投機者慫恿之下為之。為了迴避進一步的法律規範，「生命安頓」產業試圖在「陌生人持有之人壽保險」（為該產業所支持）和「陌生人發起之人壽保險」（現在為該產業所反對）之間做出原則性的劃分。

就道德而言，這兩者並沒有太大的差別。投機者誘使老年人購買壽險並旋即轉賣，以求迅速獲利，這的確顯得特別可鄙，肯定違背了壽險具有正當性的原始目的：保護家屬與企業在負擔家計者或重要主管死亡時免於陷入財務困境。然而，凡是「生命安頓」交易都具有這種可鄙之處。不管保單由誰發起，拿他人的生命來投機，在道德上都有可議之處。

「生命安頓」產業的一位發言人黑德（Doug Head）在佛羅里達州的保險調查庭上作證，他辯稱讓人們把壽險保單賣給投機者「維護了財產權，也代表競爭和自由市場經濟的勝利」。一旦具有正當可保險利益的人買了一張保單，他就應該要能自由出售這張保單給出價最高的人。「『陌生人持有之人壽保險』是保單持有人向公開市場出售其保單之基本財產權的自然發展」。黑德強調，由陌生人發起或主導的保單則是另一回事，這種保單缺乏正當性，因為主導保單的投機者不具有「可保險利益」。

這個論點無法令人信服。在這兩種情況下，最後持有保單的投機者對那名老年人都不具有「可保險利益」，而老人之死將促成保險金的給付。在這兩種情況下，一名陌生人的及早死亡都會產生財務利益。倘若如黑德所言，我有購買和出售我本身之壽險的基本權利，那麼我是自發性地購買壽險保單，還是在他人的建議之下為之，又有什麼要緊？如果

「生命安頓」的好處在於「解開」我已經持有之壽險保單的現金價值，那麼迅速轉手之壽險保單的好處則在於解開了我晚年歲月的現金價值。不管是哪一種，一個陌生人都從我的死亡取得利益，我則為了置自己於此一處境而拿到一筆錢。

⊙死亡債券

拿死亡來賭博的這個成長中市場只差一步就能邁向成熟——由華爾街加以證券化。二〇〇九年，《紐約時報》報導了華爾街投資銀行計畫購買「生命安頓」貼現保單，包裝成債券之後再轉賣給退休基金和其他的投資大戶。當保單原始持有人死亡，這些債券將從保險金給付獲得收益。華爾街金融圈將用過去幾十年來對待房貸的方式來面對死亡。

根據《紐約時報》的報導，「〔高盛銀行〕發展出生命安頓貼現保單的可交易指數，讓投資者得以一賭被保險人會活得比預期更久，還是比計畫中早死」。瑞士信貸銀行則建立了「一條金融裝配線來大量購買壽險保單，加以包裝和轉賣——就像華爾街那些金融機構之前包裝和轉賣次貸證券一樣」。在美國，現有的壽險保單價值高達二十六兆美元，加上「生命安頓」保單貼現交易的成長，這個死亡市場提供了希望，能有一種新的金融商品來彌補由於房貸證券市場崩潰而損失的收入。

雖然有些信評機構仍待被說服，但至少有一家認為此事可行，亦即創造出以「生命安頓」貼現保單為基礎並且能降低風險的債券。一如房貸證券把全美各地的貸款綁在一起，以「生命安頓」貼現保單做抵押的債券，可以把患有不同疾病之人的保單綁在一起，「各式各樣的疾病——白血病、肺癌、心臟病、乳癌、糖尿病、阿茲海默症」。以如此多元的疾病組合來抵押的債券，將能使投資者高枕無憂，因為即使發現治療任何一種疾病的新方法，都不至於使該債券的價格暴跌。

保險業巨人AIG也表示出興趣，該公司複雜的金融交易是二〇〇八年金融危機的原因之一。身為保險公司，AIG曾經反對「生命安頓」產業，並且鬧上法庭。但是AIG默默地收購了目前市面上四百五十億美元「生命安頓」貼現保單當中的一百八十億美元保單，如今盼能將之包裝為債券來出售。

那麼，死亡債券的道德地位又是如何呢？在某些方面，它可以跟它背後的死亡賭博相提並論。如果在道德上有理由反對拿人命來賭博並從那些人的死亡獲利，那麼死亡債券也有這個缺陷，一如我們所檢視過的各種實務——工友保險、絕症保單貼現、死亡賭彩，以及所有純屬投機的壽險交易。也許有人會主張，在某種程度上，死亡債券的匿名性和抽象性減少了對道德敏感度的腐蝕效應。一旦壽險保單被綁成巨大的投資組合，再切割成小塊，賣給退休基金和大學基金，就沒有投資者會對任何特定之人的死亡具有深植的利益。

無可否認地，如果國家的衛生政策、環保標準改善，或是人們採用更好的飲食與運動習慣，會讓大家更為健康長壽，那麼死亡債券的價格將會下跌。但是比起數著日子等待紐約那個愛滋病患或愛達荷州那位農場主人死亡，和這種可能性相賭似乎比較不那麼令人難安。是這樣嗎？

有時候我們會決定忍受一種會腐蝕道德的市場做法，是因為考量到它所提供的社會利益，人壽保險起初就是這樣的一種妥協。為了保護家屬和企業免於承受因一人過早死亡而帶來的財務風險，在過去兩個世紀當中，各國社會都勉為其難地做出結論，提出應該允許那些對某人之生命具有可保險利益的人拿死亡來下賭注。然而，事實證明，投機的誘惑很難遏制。

現今，生與死的巨大市場證明了，把保險與賭博區分開來的努力均屬徒勞。隨著華爾街摩拳擦掌準備進行死亡債券交易，我們又回到了倫敦勞氏咖啡館百無禁忌的道德宇宙，只不過相形之下，如今的規模讓他們當年對陌生人死亡與不幸所做的賭博顯得老派有趣。

第 5 章 ／ 命名權

把企業商標烙印在事物上，
改變了這些事物的意義。
將愈來愈多的東西都市場化，
意味著富人與一般人將隔離開來生活。
這對民主而言並不是好事，
更不會是一種令人滿意的生活方式。

我在明尼亞波利斯長大，當年是個熱情的棒球迷。我支持的明尼蘇達雙城隊在大都會球場進行主場比賽。一九六五年我十二歲，球場裡最好的座位票價是三美元，看台座位票價一．五美元。那一年，雙城隊打進了世界大賽，如今我仍留著那次大賽第七場比賽的票根。和我一起去看比賽的是我父親，我們坐在第三層看台上，在本壘和三壘之間，票價是八美元。我看著那場比賽，當道奇隊的投手柯法斯擊敗雙城隊，替道奇隊拿下那年的冠軍時，我的心都碎了。

當年雙城隊的明星球員是基勒布魯（Harmon Killebrew），棒球史上數一數二的全壘打好手，如今他已躋身棒球名人堂。在他生涯的巔峰時期，年薪十二萬美元。那時候還沒有自由球員制度，球員在整個職業生涯中都受所屬球隊的掌控。這意味著球員沒有什麼權利來談判薪資。他們必須替所屬球隊出賽，不然就別想打球。（這個制度在一九七五年被取消了。）

在那之後，棒球界改變了很多。雙城隊目前的球星莫爾（Joe Moner）二〇〇九年簽下了一紙八年一億八千四百萬美元的合約。以平均一年二千三百萬美元的薪資，莫爾一場球賽的收入就超過基勒布魯整個球季的收入（事實上只要打到第七局就超過了）。

當然，票價也飛漲了。如今觀賞雙城隊比賽的包廂座位票價是七十二美元，球場上最便宜的座位要價十一美元，而雙城隊的票價相比之下還算是便宜的。紐約洋基隊的包廂座位價格是二百六十美元，視線被擋住的看台座位定價則是十二美元。企業包廂和豪華的貴賓包廂更貴，替球隊賺進大筆收益。在我小時候，球場還沒有這種包廂。

球賽在其他方面也改變了。在此我想到的不是「指定打擊」這項廣受爭論的規則變更，讓投手在「美國聯盟」中無須揮棒打擊，而是棒球界的另一些改變。這些改變反映出市場、重商主義和經濟思維在當今社會生活中占據了愈來愈重的分量。自從職棒在十九世紀末產生，就一向是門生意，至少就部分而言。而在過去三十年裡，當代的市場狂熱在美國人的國球上留下了印記。

⊙球員出售簽名

就以運動紀念品這門生意來說吧。長久以來，棒球員就是小球迷熱烈追逐的對象。比較大方的球員會在開賽前或賽後離場時，在球員休息區附近替球迷在計分卡和棒球上簽名。如今，這種純真的索取簽名活動，已經被產值數十億美元的紀念品生意給取代，支配這門生意的是經紀商、批發商，還有球隊本身。

我最難忘懷的索取簽名之旅是在一九六八年，那年我十五歲。當時我們家已經從明尼亞波利斯搬到了洛杉磯。那年冬天，我在加州拉科斯塔一場慈善高爾夫球賽的場邊晃來晃去。幾位棒球史上的頂尖球員參加了那場比賽，而他們大多很樂意在洞與洞之間替球迷簽名。我當時缺乏遠見，沒有帶棒球和不會褪色的簽字筆，手邊只有一些三乘五（英寸）大小的普通卡片。有些球員用鋼筆簽名，有些則用他們拿來記錄高爾夫球分數的短小鉛筆。我離開時滿載而歸，除了取得珍貴的簽名之外，還充盈著見到那些球員的興奮感，不管時間是多麼短暫，包括我童年的英雄和幾位在我那個時代之前打球的傳奇人物：柯法斯（Sandy Koufax）、梅斯（Willie Mays）、曼托（Mickey Mantle）、狄馬喬（Joe DiMaggio）、費勒（Bob Feller）、羅賓森（Jackie Robinson），還有——沒錯！——哈蒙．基勒布魯。

我那時從沒想過要賣掉這些簽名，甚至不曾動念去想它們能在市場上賣得什麼價錢。如今我仍然擁有這些簽名，一如我所蒐集的棒球卡。然而，在八〇年代，體育人物的簽名和裝備逐漸被視為可行銷的貨物，由愈來愈多的蒐集者、經紀商和經銷商加以買賣。

棒球明星開始收取簽名費，金額視其地位而定。一九八六年，棒球名人堂投手費勒在蒐藏展上出售簽名，每個要價二美元。三年後，狄馬喬的簽名收取二十美元，梅斯收取十至十二美元，威廉斯則收取十五美元。（到了九〇年代，費勒的簽名費漲到十美元。）由於這些已退休的棒球巨星是在球員領取高薪之前的年代打球，很難責怪他們在機會來時撈上一筆，可是仍活躍於場上的球員也加入了這種巡迴簽名活動。當時波士頓紅襪隊的明星投手克萊門斯每簽一個名，收取八．五美元。有些球員覺得這種做法令人反感，包括道奇隊的投手郝西瑟在內。維護棒球傳統的人感嘆這種花錢買來的簽名，憶起貝比魯斯簽名一向免費。

然而，紀念品市場那時候才方興未艾。一九九〇年，《運動畫刊》刊載了一篇文章，描述索取簽名這個行之有年的做法正在如何轉變。「新一類的簽名蒐集者粗魯、無情，動機在於鈔票」，他們在飯店和餐廳裡纏著球員不放，甚至纏到球員家裡。「從前索取簽名的不過是迷戀英雄的小孩，如今追求簽名的還包括蒐集者、經銷商和投資者……那些經銷商往往付錢雇用一批小孩子替他們工作——跟《孤雛淚》裡雇用小孩為賊的惡棍沒什麼兩樣，他們蒐集到簽名後，轉身就加以出售。投資者購買這些簽名，則是假定大鳥柏德、喬丹、馬丁利或坎塞科的簽名會隨著時間而增值，就像美術品或歷史文物一樣」。

到了九〇年代，經紀商開始付錢請球員在上千件棒球、球棒、球衣等物品上簽名，再由經銷商透過郵購公司、有線電視頻道和零售商店，將這些大量生產的紀念品出售。一九九二年，據說曼托在兩萬個棒球上簽名並且親自露面，賺進了二百七十五萬美元，比他在洋基隊整個球員生涯所賺到的還要多。

不過，球賽中所用過的物品被賦予最高的價值。當麥奎爾於一九九八年創下單季最高全壘打數的新紀錄，這股紀念品的狂熱變得更加激烈。當麥奎爾擊出創下紀錄的第七十支全壘打，接到那顆球的球迷在拍賣會上將球以三百萬美元售出，使其成為史上售出的運動紀念品中最貴的一件。

棒球紀念品變成了商品，此一轉變改變了球迷與球賽之間的關係，也改換了球迷彼此之間的關係。當麥奎爾在該季擊出打破之前紀錄的第六十二支全壘打，拾得那顆球的人沒有把球賣掉，而是直接把球交給麥奎爾。「麥奎爾先生，我想我這兒有件屬於你的東西。」福納瑞斯（Tim Forneris）說道，把球遞了過去。

基於這顆棒球的市場價值，此一慷慨之舉引發了滔滔的評論——多數是讚美，少數是批評。這位二十二歲的兼職球場管理員在迪士尼樂園的遊行裡受到表揚，還上了大衛・賴特曼的脫口秀節目，並且受邀到白宮與柯林頓總統會面。他去小學對學童發表演說，談如何做正當的事。不過，儘管受到諸多表揚，福納瑞斯被《時代雜誌》一名撰寫個人理財專欄的作家批評為不智，該作家把他交出那顆球的決定描述為「我們全都會犯的幾種個人理財大錯」的例子。該作家寫道：「一旦他的手碰到那顆球，那個球就是他的。」把球交給麥奎爾是個例證，顯示出「令許多人在日常金錢事務上犯下嚴重錯誤的一種心態」。

這是市場如何改變規範的又一例。一顆創下紀錄的棒球一旦被視為可出售的商品，把球交給擊出那顆球的球員就不再是個理所當然的單純行為。這若非慷慨的英雄行徑，就是件浪費的愚蠢行為。

三年後，邦斯單季擊出了七十三支全壘打，打破了麥奎爾的紀錄。那第七十三支全壘打所擊出的球引起爭奪，導致看台上醜陋的一幕與冗長的法律爭端。接到那顆球的球迷被試圖搶奪那球的群眾撞倒在地，球從他的手套裡滑落，然後被站在旁邊的另一名球迷撿起。兩人都聲稱那顆球理應屬於自己。這場爭端引起為時數月的法律辯論，最後鬧上法院審理，動用了六名律師和一組由法院所聘請的法律教授，來定義一顆棒球的持有權。法官裁決那兩名要求者應該把球賣了，並且將收益平分。那顆球賣了四十五萬美元。

如今，銷售紀念品是球賽例行的一部分。就連大聯盟比賽的殘留物都被賣給熱切的買家，像是折斷的球棒和用過的球。為了向蒐集者及投資者保證這些裝備的確在球賽中使用過，每一場大聯盟比賽如今都至少有一位官方的「真實性鑑定師」在場。這些鑑定師配有高科技的雷射防偽標籤，記錄並證明那些球場用品的真實性，包括棒球、球棒、壘包、球衣、攻守名單，以及預定投入價值數十億美元紀念品市場的其他用品。

二〇一一年，基特擊出了第三千支安打，這對紀念品產業而言是筆橫財。在與一名蒐集者談妥的交易中，洋基隊這位知名游擊手在擊出這支歷史性安打的次日，在大約一千個紀念球、紀念照片和紀念球棒上簽名。簽名球要價六九九．九九美元，球棒要價一〇九九．九九美元。他們甚至還出售他走過的地面。在基特揮出個人第三千支安打的那場比賽之後，一名球場管理員從打擊區到基特所站的游擊區位置之間，蒐集了五加侖的泥土。裝著這些神聖泥土的桶子被封了起來，貼上一名真實性鑑定師的雷射防偽標籤，然後一匙一匙地賣給球迷和蒐集者。當洋基隊的舊球場被拆除時，泥土也被蒐集起來出售。某家紀念品公司聲稱賣出了價值超過一千萬美元的真實洋基球場泥土。

有些球員試圖用不太光彩的事蹟來賺錢。棒球史上擊出安打數最多的羅斯，由於涉賭而被逐出棒球界，他有一個網站出售跟他被逐出一事有關的紀念品。花二百九十九美元，加上運費和手續費，你可以買到一顆由羅斯簽名的棒球，上面刻著一句道歉的話：「抱歉我拿棒球來賭博。」花五百美元，羅斯就會把禁止他參賽的文件影本簽名之後寄給你。

別的球員曾經試圖出售更奇怪的東西。二〇〇二年，亞利桑納響尾蛇隊的外野手岡薩雷茲在網路上拍賣一塊嚼過的口香糖，要價一萬美元，據說是為了慈善目的。西雅圖水手隊的投手尼爾森在動過肘部手術之後，把手肘的骨頭碎片放上 eBay 拍賣。eBay 後來引用一條禁止出售部分人體的法規而中止了拍賣，但在那之前，競標價格高達二萬三千六百美元。（新聞報導中未提及該手術進行時是否有真實性鑑定師在場。）

⊙球賽的名稱也能賣

可供出售的不只是球員的簽名和裝備，球場的名稱也一樣。儘管有些球場仍舊沿用其歷史名稱，如紐約的洋基球場和波士頓的芬威球場，但如今大多數的大聯盟球隊都把球場命名權售予出價最高的競標者。銀行、能源公司、航空公司、科技公司等企業願意付出高價，讓公司名稱亮在大聯盟的球場和運動場上，以提高能見度。

有八十一年的時間，芝加哥白襪隊都在「科米斯基球場」打球，球場是以該球隊早年的老闆來命名。如今白襪隊是在一座名為「美國行動通訊球場」的寬闊場地打球，這是以一家行動電話公司來命名。聖地牙哥教士隊在「派可球場」打球，派可是一家寵物用品公司。我老家的明尼蘇達雙城隊如今在「塔吉特球場」打球，由總部位在明尼蘇達州的零售業巨頭「塔吉特公司」所贊助，而附近的籃球運動場也掛著該公司的名字，名為「塔吉特中心」，那是明尼蘇達灰狼隊的球場。在體育界一項金額數一數二的命名權交易中，金融服務公司「花旗集團」在二〇〇六年同意支付四億美元，以取得將紐約大都會隊新球場命名為「花旗球場」的權利，以二十年為期。到了二〇〇九年，當大都會隊頭一次在該球場出賽時，當時的金融危機讓此贊助事宜蒙上了一層陰影，批評者指責這項贊助如今是靠納稅人對花旗集團的紓困來補助。

美式足球場地對贊助企業也極具吸引力。新英格蘭愛國者隊在「吉列球場」①打球，華盛頓紅人隊則在「聯邦快遞球場」。賓士汽車二〇一一年八月買下了紐奧良大巨蛋的命名權，那是聖徒隊的主場場地。到了二〇一一年，國家美式足球聯盟的三十二支隊伍中，有二十二支都在以贊助企業命名的球場中打球。

出售球場命名權如今已是司空見慣，以致我們很容易忘記這種做法是在近年才蔚為風潮。此事大約與球員出售簽名同時興起。一九八八年，只有三座運動場進行了命名權交易，總金額不過是二千五百萬美元。到了二〇〇四年，這類交易共有六十六筆，總額高達三十六億美元，占了全美職業棒球、美式足球、籃球和冰上曲棍球球場的半數以上。到了二〇一〇年，付錢替美國一座大聯盟球場或運動場命名的公司超過一百家。二〇一一年，萬事達信用卡公司買下了北京前奧運籃球場的命名權。

企業的命名權並非止於球場大門上的標誌，漸漸地，命名權也延伸到電視與電台描述賽況的用語當中。一家銀行買下亞利桑納響尾蛇隊球場的命名權，將之稱為「第一銀行球場」，該筆交易也要求該隊比賽的播報員，把響尾蛇隊擊出的每一支全壘打都稱呼為「第一銀行巨砲」（Bank One blast）。大多數的球隊全壘打還沒有由企業所贊助，但有球隊出售了更換投手這件事的命名權。根據合約，某些播報員有義務把球賽中更換投手的舉動稱為「美國電話電報公司打電話到牛棚」（AT&T call to the bullpen）②。

---

① 譯注：以生產刮鬍刀的吉列公司命名。

② 譯注：Call to the bullpen 是棒球用語，意指教練為了更換投手而打電話到牛棚去。

如今就連滑進本壘也成了企業贊助的事件。紐約人壽保險公司跟十支大聯盟棒球隊談妥交易，每次有球員安全上壘時就插播一則廣告。例如，當裁判宣布一名跑者安全抵達本壘，電視螢幕上就會出現該公司的商標，而實況轉播員就得說：「安全抵達本壘。安全有保障，紐約人壽。」這不是在球賽每兩局之間出現的商業訊息，而是一種由企業贊助的比賽播報方式。紐約人壽的副總裁暨廣告主管說明：「這段訊息自然地融入球賽戰況中。當球迷為自己喜愛的球員安全上壘而歡呼，這對他們來說是個絕佳的提醒，提醒他們在全美最大的互惠壽險公司也能一樣安全而有保障。」

二〇一一年，一支小聯盟棒球隊馬里蘭州的杭格斯鎮太陽隊，把商業贊助帶進了球賽最後一塊尚未被開發的領域：他們把球員上場打擊的命名權賣給當地的公用事業公司。該隊的最佳打擊手哈波，是可望打進大聯盟的球員，每一次他上場打擊，該隊就會播報：「現在上場打擊的是哈波，由米斯公用事業公司贊助，提醒您在挖地之前先撥打八一一。」這個與比賽格格不入的商業訊息用意何在？很顯然，該公司認為此舉能提醒要進行施工作業的球迷，避免損及公用事業的地下管線。該公司的行銷主管解釋：「在哈波揮棒之前對觀眾說話，提醒場上觀眾每次要開挖地面之前，務必請先跟敝公司連絡。」

到目前為止，還沒有哪支大聯盟球隊出售旗下球員的命名權。不過，在二〇〇四年，大聯盟的確曾嘗試賣出登在壘包上的廣告。在與哥倫比亞電影公司達成的一項宣傳交易中，職棒高層同意在六月把即將上映的《蜘蛛人第二集》的標誌放在一壘、二壘和三壘的壘包上，在每一座大聯盟的球場上放三天。本壘壘包則維持原本的素淨。不過大眾的反對聲浪過大，這項新穎的置入性行銷因此終止。即使在充滿著商業氣息的球賽中，壘包顯然還是神聖的。

⊙空中包廂

在美國人的生活中，棒球、美式足球、籃球和冰上曲棍球是社會凝聚力和公民榮譽感的來源，這一點幾乎沒有其他習俗能夠比得上。從紐約的「洋基球場」到舊金山的「燭台球場」，運動場是公民信仰的大教堂，是各行各業民眾聚集的公共場所，大家共享失落與希望、咒罵與禱告的儀式。

然而，職業運動不僅是公民意識的來源，也是一門生意，而最近幾十年來，運動界中孕育的金錢逐漸排擠了社群歸屬感。若說命名權和企業贊助毀掉了為家鄉球隊加油的經驗，也許太過誇張，但無論如何，改變一座市民地標的名稱也改變了其意義。這就是為什麼底特律的球迷，眼見以老虎隊命名的「老虎球場」改為以一家銀行來命名，成了「美國聯信球場」，會感到惋惜。這也是為什麼丹佛野馬隊的球迷，眼看他們深愛的「一哩高球場」③被「景順球場」給取代，會覺得氣惱；前者喚起的是一種地方情懷，而後者則讓人想起一家共同基金公司。

當然，運動場主要是讓大家聚在一起觀賞體育活動的地方。當球迷前往球場或體育場，他們的主要目的並非為了獲得公民經驗，而是去看歐提茲在九局下擊出一支全壘打，或是去看布雷迪在球賽的最後幾秒鐘送出達陣傳球。然而，球場環境的公共性質傳遞了一種公民教育——亦即大家齊聚一堂，至少在這幾個小時裡，我們共享一種地方情懷和公民的榮譽。隨著運動場變得不太像地標建築，反而更像廣告看板時，其公共性質逐漸消褪，而它們所激發的社會凝聚力和公民情操或許也隨之消失了。

隨著企業命名權的興起，另一種趨勢將運動的公民教育侵蝕得更加厲害——豪華空中包廂的大量增加。當我在六〇年代中期去看明尼蘇達雙城隊比賽時，最昂貴和最便宜的座位票價只相差二美元。事實上，在大半個二十世紀裡，企業高階主管和藍領勞工在球場中並肩而坐，人人都排同一條隊伍去買熱狗或啤酒。如果下雨，不分貧富，大家都一樣會淋濕。然而，近幾十年來，情形已然改觀。高懸在球場上方的空中包廂出現了，把有錢有地位的人跟下方看台上的一般大眾分隔開來。

雖然豪華包廂最早於一九六五年，出現在休士頓那座未來主義風格的「太空巨蛋球場」，空中包廂的風潮卻是在七〇年代中期才展開，當時達拉斯牛仔隊在「德州球場」加設了豪華包廂。企業支付幾十萬美元，在高居群眾上方的豪華環境裡招待高階主管與客戶。到了八〇年代，十幾支球隊追隨牛仔隊的腳步，在玻璃圍成的空中包廂裡伺候富有的球迷。八〇年代末期，國會削減了企業花在空中包廂上開銷的免稅額，但這並未遏止對這種有空調的觀賞場所的需求。

豪華包廂帶來的收入，對球隊而言是一筆意外之財，在九〇年代掀起了興建球場的熱潮。然而，批評者指責空中包廂毀掉了體育活動融合各階層的那一面。科恩（Jonathan Cohn）寫道：「儘管這是種愜意的享樂，空中包廂反映出美國社會生活中的一種基本缺陷：菁英階層急切地，甚至是拚命地想把自己跟其餘的群眾分隔開來……職業運動曾經是對抗身分地位焦慮的解藥，如今也嚴重地染上此一疾病。」為《新聞週刊》撰稿的作家狄福特（Frank Deford）表示，熱門體育活動中最奇妙的元素一向是其「根本的民主……運動場促成了公眾的大集合，是二十世紀的村落公用綠地，讓大家都能聚在一起共享興奮」，可是近年來的豪華包廂「把權貴與庶民隔絕開來，以致我們大可以說，美國的體育殿堂具有娛樂活動中最為階級分明的座位分配」。德州一家報紙稱運動場上的空中包廂

③譯注：丹佛市的別名為一哩高市（Mile High City），該市因比海平面高出一哩而得名。

「等於有柵欄、有警衛的社區」，讓富有的居民「把自己跟其餘的大眾隔離開來」。

儘管有這些指責，空中包廂如今在大多數的職業運動場上都已司空見慣，在許多大學的體育場也一樣。包括包廂和會員席的高價座位雖然只占全部座位的一小部分，在一些大聯盟球隊的門票收入中卻占了將近四成。二〇〇九年啟用的新「洋基球場」比舊球場少了三千個座位，但豪華包廂的數量卻增為三倍。波士頓紅襪隊的「芬威球場」有四十個包廂，票價可達每季三十五萬美元，還供不應求，需排候補名單。

擁有一流球隊的大學也難以抗拒空中包廂帶來的收入。到了二〇一一年，幾乎每一支主要的大學足球隊都有空中包廂，只有聖母大學除外。聯邦稅法給予大學球場空中包廂的使用者特別減免，讓購買那些豪華包廂的人可以把該項花費的八〇%充當為對該大學的慈善捐款，在報稅時扣除。

針對空中包廂之倫理問題而引發的辯論，最近的一場發生在密西根大學，該大學擁有全美最大的大學球場。「密西根球場」被暱稱為「大房子」，自從一九七五年以來，每一場主場美式足球賽都吸引了十萬名以上的球迷。二〇〇七年，大學董事會考慮進行一項二億二千六百萬美元的翻修計畫，打算在這座深具象徵意義的球場中增設空中包廂，引起了一些校友的抗議。一位校友表示：「大學足球賽的一個重要之處在於，這是個極佳的公共場所，尤其是密西根大學的美式足球賽。在這裡，汽車工人和百萬富翁可以齊聚一堂，替他們的球隊加油。」

一個名為「拯救大房子」的團體蒐集了請願書，希望能說服大學董事會拒絕這個增設豪華包廂的計畫。批評此計畫的人表示，一百二十五年來，「藍黃球衣的忠實球迷團結一致，肩並著肩，一起緊張，一起歡呼，一起贏得勝利」；「私人的豪華包廂與此一傳統正好對立，把密西根的球迷按照所得水準區分開來，有損密西根球迷不分年齡和背景在一起觀賽時共享的那種團結、振奮和情誼。在密西根球場有私人豪華包廂，單是這個念頭就與密西根大學致力提倡的平等理念背道而馳」。

這場抗議失敗了。大學董事會以五比三投票通過在「密西根球場」增設八十一個豪華包廂。翻修過的球場於二〇一〇年啟用，一個可容納十六人的包廂，每季票價收入可達八萬五千美元，還附帶停車位。

⊙「錢球」運動新商機

運動紀念品市場、命名權和空中包廂的興起，反映出由市場所驅動的社會。關於體育界的市場式思考，另一個例子是把棒球變成「錢球」的這個新近轉變。這個詞彙來自一本二〇〇四年美國出版的暢銷書，作者是路易士，他把來自金融界的洞見和一則棒球故事連結在一起。在《魔球》④一書中，路易士描述一支負擔不起昂貴球星的小市場球隊奧克蘭運動家隊，如何能與闊綽的紐約洋基隊贏得同樣多的比賽，儘管該球隊的球員薪水總額只有洋基隊的三分之一。

在總經理比恩的帶領之下，運動家隊使用統計分析來找出球技未受到應有賞識的球員，並且運用了違反傳統棒球智慧的策略，得以便宜地組成一支具有競爭力的球隊。例如，他們發現比賽若要獲勝，高上壘率要比高打擊率或高長打率更重要，於是儘管經常被四壞球保送上壘的球員不如高薪的長打者受到稱頌，他們仍簽了下來。另外，儘管傳統上認為盜壘能贏得比賽，他們卻發現試圖盜壘通常會減少一支隊伍得分的機會，因此他們勸球員不要嘗試盜壘，就連速度最快的球員也一樣。

比恩的策略成功了，至少維持了一段時間。在二〇〇二年——那是路易士關注該隊進展的時候——運動家隊贏得了美國聯盟西區的冠軍，雖然他們在季後賽被擊敗，但該隊以小搏大的故事很吸引人：一支財力不足、不被看好的球隊，運用智謀和現代經濟計量學的工具，與洋基隊這種有錢有勢的球隊相抗衡。在路易士的敘述中，這也是精明的投資者善用市場效率之不足而成功的實例。比恩所帶進棒球的，就是計量技術交易員這群新類型交易員帶進華爾街的那一套——一種以電腦分析勝過老派交易員的能力，老派交易員所憑藉的是良好的直覺和個人經驗。

二〇一一年，《魔球》這本書被拍成一部好萊塢電影，由布萊德．彼特飾演比恩一角。這部電影沒有感動我。起初我不確定原因何在。布萊德彼特就跟以往一樣充滿魅力，何以這部電影如此不令人滿意？部分原因在於該片忽略了那支球隊裡的明星球員——三名優異的年輕先發投手和明星游擊手塔哈達——而把焦點放在那些不太重要的球員身上，他們因為具有被保送上壘的能力而被比恩簽下。不過，我想真正的原因在於我很難為了計量學方法和更有效率的定價機制贏得勝利而起立歡呼。比起那些球員，這種方法和機制才更是該片中的英雄。

事實上，我的確至少認識一個覺得價格效率深具啟發性的人——我的朋友兼同事桑默斯（那位經濟學家，我在前文討論過他那篇關於節約利他行為的晨禱）。二〇〇四年，他擔任哈佛大學校長時，曾在某次談話中舉《魔球》一書為例，說那證明了「發生於過去三、四十年裡一場重要的知識革命」：社會科學的興起，尤其是經濟學，「作為一種實際的科學形式」。他說明，「一位十分明智的棒球隊總經理聘用了一位經濟計量學博士」，

④ 譯注：*Moneyball: The Art of Winning an Unfair Game*，中文書名譯為《魔球》。本章中，為求文意清楚，Moneyball 一字在不是指那本書或那部電影時，仍直譯為「錢球」。

藉此找出是哪些棒球技能和策略使一支球隊贏球。桑默斯在比恩的成功中窺見了一個更大的真相：「錢球」式的棒球給生活的其他面向上了一課，「適用於棒球者，其實也適用於人類更廣泛的活動」。

依桑默斯的觀察，科學的「錢球」式做法，其智慧還在哪些領域盛行起來呢？在環保規定上，「全心投入的環保人士和律師」讓位給「擅長進行成本效益分析的人」。在總統競選活動中，過去是年輕聰明的律師占了多數，如今他們被需要的程度則不及「聰明的經濟學家和企管碩士」。在華爾街，精通電腦的計量學高手取代了善於跟客戶聊天的人，發明出複雜的衍生性新商品。桑默斯提到：「投資銀行的領域發生了轉變，原先掌控此一領域的本是善於在高爾夫俱樂部跟客戶見面的人，現在則換成那些數學高手，他們能解決為衍生性金融商品定價時涉及的數學難題。」

市場至上的信念——對「錢球」的信念——在這番話中表露無遺，那是在金融危機發生的四年以前。

如同後來的事件所顯示，事情的發展並不好——對經濟不好，對奧克蘭運動家隊也不好。運動家隊最後一次打進季後賽是在二〇〇六年，在那之後就不曾在球季中晉級⑤。平心而論，這不是因為「錢球」的做法失敗了，而是因為此一做法傳了開來。一部分是由於路易士所寫的那本書，別的球隊也明白了簽下上壘率高之球員的重要，包括那些更有錢的球隊在內。到了二〇〇四年，這類球員已不再價廉物美，因為有錢的球隊競相簽下他們而抬高了其薪水。那些在打擊位置上展現耐心、經常被保送的球員，如今的薪水反映出他們對贏球的貢獻。比恩所利用的市場效率不足的情形已不復存在。

結果顯示，「錢球」並不是適合小球隊的策略，至少長期來說不是。有錢的球隊也可以聘用統計學家，並且花更多錢競標簽下統計學家所推薦的球員。財力雄厚的波士頓紅襪隊贏得二〇〇四年和二〇〇七年的世界大賽，該隊的老闆和總經理正是「錢球」的信徒。在路易士那本書出現之後，大聯盟球隊的贏球率取決於金錢的程度不減反增。

這並未違反經濟理論所預測的結果。如果優秀的棒球員獲得有效率的定價，那麼能花最多錢在球員薪水上的球隊會有最好的表現，就在預料之中。不過，這引出了一個更大的問題。「錢球」的做法讓棒球變得更有效率，這是就經濟學家所謂的效率而言。然而，「錢球」是否使棒球變得更精采呢？大概沒有。

想一想「錢球」對球賽進行方式造成的改變：打擊時間拖得更長、更多四壞球保送、投球數變多、更換投手的次數也更多、球來就打的情況減少了、大膽跑壘的情形也減少

⑤編注：運動家隊二〇一二年進了季後賽，之後也發生了好幾次。

了、短打和盜壘也變少了。很難說這算得上改善。當兩隊的比數相同，九局下半，在滿壘的情況下，拖長打擊時間可算是棒球比賽的經典時刻。可是一場比賽裡若淨是拖長打擊和保送上壘，通常會讓人看得很累。「錢球」並沒有毀掉棒球，卻讓球賽失色了，就跟近年來市場所介入的其他情形一樣。

這彰顯了我在本書中想要表明的一點：關於各種貨物及活動，讓市場更有效率，就其本身而言並不是一種美德。真正的問題在於引進這種或那種市場機制是會改善、還是會損害球賽的優點。這個問題值得一問，而且不僅是針對棒球，也針對我們所生活的社會。

⊙廣告無所不在

運動界並非市場與重商主義蔓延的唯一領域。過去二十年來，商業廣告已經占領了生活的每個角落，超出報紙、雜誌、廣播、電視這些習慣出現廣告的地方。

二〇〇〇年，一具俄國火箭上畫著巨大的「必勝客披薩」商標，把廣告帶進了外太空。不過，自從九〇年代以來，廣告所侵入的新場域大多是明顯的人類生活的場所。在雜貨店裡，宣傳好萊塢最新影片或電視影集的貼紙，開始出現在蘋果和香蕉上。超市的酪農商品部門出現了印有哥倫比亞廣播公司秋季節目表的雞蛋。這些廣告不是印在紙盒上，而是在每一粒雞蛋上，多虧了一種雷射雕刻新科技，能把企業的商標和廣告訊息刻在蛋殼上（刻得很輕，但永不脫落）。

廣告螢幕放置於精心挑選的地點，讓廣告公司能在一天當中那些短暫的時刻，竊取大家的注意力，當最煩躁、最容易分神的人都不得不站著等待時——在電梯裡等著抵達你要去的樓層，在提款機前等待吐鈔，在加油站的加油機旁等待油箱加滿，甚至在餐廳、酒吧等公共場所的小便斗前面。

洗手間裡的廣告，從前是由非法張貼的貼紙或塗鴉所構成，在廁所隔間裡或洗手間的牆壁上，會有妓女或伴遊服務的電話。可是在九〇年代，洗手間廣告逐漸蔚為主流。根據《廣告時代》雜誌上的一篇文章，「索尼、聯合利華、任天堂的行銷人員，以及大型酒商與電視公司，擠掉了妓女和怪咖，把他們的廣告訊息帶到那群拉下褲子、解開拉鍊的人面前」。製作靈巧的廣告成了廁所隔間和小便斗牆面上常見的景象，推銷著體香劑、汽車、音樂創作者和電玩遊戲。到了二〇〇四年，洗手間廣告成了一門價值五千萬美元的產業，以必然會注意到那些廣告的富裕年輕人為對象。洗手間廣告公司有自己的產業公會，最近才在拉斯維加斯舉辦了第十四屆年會。

隨著廣告公司開始買下洗手間牆面的空間，廣告也開始進入了書籍。置入性行銷在電影和電視節目中早就屢見不鮮，而在二〇〇一年，英國小說家維爾登（Fay Weldon）在義大利珠寶公司寶格麗的委託下寫了一本書。維爾登收取了一筆數目未公開的酬勞，同意在小說中至少提及寶格麗珠寶十二次。那本小說恰如其分地定名為《寶格麗關係》（*The Bulgan Connection*），在英國由哈潑柯林斯公司出版，在美國則由格羅夫亞特蘭大公司出版。維爾登在書中提及寶格麗三十四次，遠遠超過他被要求提及該產品的次數。

由企業贊助的小說，這個主意讓一些作家大為震怒，他們呼籲書籍編輯不要把維爾登的書交付審閱。一位批評者說這種置入性行銷可能會「損及讀者對所述故事之真實性的信心」。另一位則指出這種充滿商品的文章顯得笨拙，如在諸如此類的句子裡：「桃莉絲說：『一條寶格麗項鍊在手，勝過兩條在林。』」或是：「他們幸福地相互依偎好一會兒，消耗了所有的熱情。然後她在午餐時間跟他約在寶格麗碰面。」

雖然書本裡的置入性行銷還不普遍，數位閱讀器的出現和電子書的出版可能會拉近閱讀書籍和廣告之間的距離。二〇一一年，亞馬遜開始以兩種不同的版本出售該公司廣受歡迎的 Kindle 閱讀器，一種有「特價資訊及廠商贊助的螢幕保護程式」，另一種則無。有特價資訊的那一款比標準款便宜四十美元，但是在螢幕保護程式上和首頁下端有輪播的廣告。

飛行是另一項充斥著愈來愈多廣告的活動。在本書第一章裡，我們看到航空公司如何把機場裡的排隊長龍變成獲利機會，也就是藉由收取額外的費用，讓旅客得以在安全檢查站排進較短的隊伍或享受優先登機的禮遇。但事情還不只如此。一旦你排完隊，登上了飛機，在你的座位坐好，你很可能會發現自己被廣告所包圍。幾年前，全美航空公司開始出售登在椅背餐桌、餐巾紙，還有——雖然聽起來不可思議——嘔吐袋上的廣告。美國精神航空和愛爾蘭瑞安航空這兩家廉價航空公司，在機艙上方的行李廂外貼上廣告。達美航空最近嘗試在起飛、放映安全宣導短片之前，播放一支林肯汽車的廣告。有人指責廣告充斥導致乘客忽略了安全廣播，後來該航空公司把那支廣告挪到安全宣導短片的末尾。

如今，要吸引企業贊助，你不必是位作家，也不必是一家航空公司，單是擁有一部汽車就夠了，只要你願意把車變成一個活動廣告看板。廣告公司會付你錢，每個月最多可達九百美元，讓他們把乙烯基材質的貼紙裹在你的車上，上面有商標和廣告，推銷提神飲料、手機公司、洗衣精或當地的水電行。這種交易有一些合理的限制，例如，如果你替可口可樂的產品打廣告，就不能被人看見你在開車時喝百事可樂。廣告公司估計，隨著你駕駛那輛貼著廣告的汽車在市區和車流裡轉，你每天能讓七萬人接觸到那些廣告訊息。

你也可以把你的房子變成廣告看板。二〇一一年，加州一家名叫 Adzookie 的小型廣告公司，特別針對那些無力或難以償還房貸的屋主提出建議：如果讓該公司在你家房屋的整個外牆上（屋頂除外）漆上色彩鮮豔的廣告，他們就替你付每個月的房貸；廣告在你家屋子外牆上登多久，他們就付多久。該公司在其網頁上表示：「如果你準備好接受那些鮮豔的色彩和鄰居的側目，那就請填妥下面的申請表。」感興趣的屋主讓那家公司應接不暇。雖然該公司原本只打算在十棟房屋上漆廣告，卻在不到兩個月的時間內收到了二萬二千份申請。

即便你沒有汽車也沒有房子，還是有辦法從近年的廣告橫財中撈到一筆：把你的身體變成廣告看板。就我所知，這項做法始於舊金山一家小型墨西哥餐廳，由家庭所經營的「桑卻斯小屋」。一九九八年，餐廳老闆表示，只要有人願意把該餐廳的標誌——一個戴墨西哥帽的男孩騎在一根巨大的玉米上——刺青在身上，就能終身享有免費午餐。桑卻斯一家人心想，就算有人接受這樁交易，頂多也只有幾個。他們錯了。在幾個月之內，有四十多個人帶著「桑卻斯小屋」的刺青在舊金山的街頭行走，而且他們往往會在午餐時間前往該餐廳索取他們免費的墨西哥捲餅。

餐廳老闆對於宣傳的成功感到很高興，可是隨即清醒過來：如果在接下來這五十年，那些有店標刺青的人每天中午都來吃免費午餐，餐廳將會損失價值五百八十萬美元的墨西哥捲餅。

幾年之後，倫敦一家廣告公司開始出售刊登在人們前額上的廣告。跟桑卻斯小屋的宣傳活動不同，這些前額上的刺青是暫時的，並非永久刺青，但位置更顯眼。該廣告公司以每小時四．二英鎊的酬勞，雇用願意在前額上秀出公司商標的大學生。一名潛在的贊助商稱讚這個點子，認為前額上的廣告是「揹在身上的廣告牌延伸，不過更為有機」。

別的廣告公司也發展出在身體刊登廣告的其他花樣。紐西蘭航空公司雇用了三十個人來充當「頭顱廣告看板」。參加者把頭髮剃光，在後腦勺上秀出暫時性的刺青，寫著：「想改變一下嗎？到紐西蘭來吧！」展示這個頭顱廣告兩週的酬勞是：前往紐西蘭的來回機票一張（價值一千二百美元）或七百七十七美元的現金（象徵該航空公司所用的波音七七七客機）。

最極端的身體廣告看板出現在猶他州一名三十歲的女子身上，她拍賣在前額上刊登廣告的權利。身為單親母親，史密斯（Kari Smith）有個學習障礙的十一歲兒子，為了孩子的教育，她需要錢。在二〇〇五年的一場線上拍賣會中，她提出如果廣告贊助商願意付一萬美元，她願在前額上刺上永久的刺青廣告。一家線上賭場出了這個價錢。雖然刺青師傅試圖說服她打消這個念頭，史密斯還是堅持要這麼做，在她的前額上刺下了該賭場的網址。

⊙重商主義有什麼不對？

許多人目睹命名權和廣告在九〇年代及二〇〇〇年代初期的迅速擴張，從而感到厭惡，甚至警戒。這種憂心可在眾多的報紙標題中看出：「鋪天蓋地的廣告讓人無處可躲，無處可逃」（《洛杉磯時報》）；「廣告大軍」（《週日泰晤士報》）；「廣告無窮盡」（《華盛頓郵報》）；「舉目所見，淨是廣告」（《紐約時報》）；「廣告無處不在」（《今日美國報》）。

批評者和社運人士指責「庸俗的商業價值」以及「廣告與重商主義貶低了價值」。他們把重商主義稱為「瘟疫」，「使全國各地的心靈、心智和社群變得粗糙」。有些人把廣告描述為「一種汙染」。當一名購物者被問及，何以不樂見雜貨店的水果上，貼著電影廣告的貼紙？她說：「我不想讓我的蘋果被廣告玷汙了。」據說就連一位廣告公司的高階主管都說：「我不知道還有什麼東西是神聖的。」

這些擔憂的道德力量不容否認。儘管如此，要用在公眾論述中盛行的語彙來解釋，廣告在過去二十年來眾所目睹的大量增加究竟哪裡不對，並不是容易的事。

毫無疑問，強力放送的擾人廣告長久以來就是文化抱怨的對象。一九一四年，李普曼（Walter Lippmann）在文章裡感嘆「那欺人的喧囂破壞了風景，覆蓋了籬笆，貼滿了城市，整夜閃個不停，對著你眨眼」。廣告似乎無處不在。東邊的天空「被口香糖照亮了，牙刷和內衣照耀在北邊的天空，西邊是威士忌，南邊是襯裙，整片天空都閃閃發亮，淨是露骨地賣弄風情的女人」。

假如李普曼行經美國中西部和南部的鄉村道路，他的擔憂就會得到證實。他將看見幾千座穀倉上，以醒目的顏色漆著嚼菸草的廣告：「嚼郵袋牌菸草：給自己最好的。」從一八九〇年代晚期開始，郵袋菸草公司的老闆就積極付錢給家有穀倉靠近常用道路的農人，價錢從一美元至十美元（外加免費為他們油漆），把他們的穀倉變成廣告看板。這些廣告看板穀倉是戶外廣告的先例，是近來想在人們房屋上漆上廣告的先驅。

儘管有這些先例，過去二十年的重商主義明顯呈現出一種漫無節制，象徵著一個任何東西都可出售的世界。許多人覺得這樣的世界令人不安，而有這種感覺也很合理。可是，這件事值得反對之處究竟在哪裡？

有些人說「沒有值得反對之處」。只要為了刊登廣告或企業贊助而出售的空間——房屋或穀倉、球場或廁所、上臂或前額——屬於出售的人，再假定此一出售是出於自願，那麼無人有權反對。如果那蘋果、飛機或棒球隊是我的，我就應該可以任意出售命名權和刊登廣告的空間。這是支持百無禁忌之廣告市場的論點。

如同我們在其他的相關案例中所見，這種放任主義的論點會招致兩種反對意見。其一是關於脅迫和不公，其二則是關於腐化和墮落。

第一種反對意見服膺自由選擇的原則，但是質疑市場選擇的每一個例子是否都出於自願。如果一位面臨房屋抵押贖回權將被銀行取消的屋主，同意在自家房屋漆上俗麗的廣告，那也許並非真正的自由選擇，而等於是被脅迫的。如果一位家長迫切需要錢來替孩子購買藥物，因而同意在身上刺青，替某種產品做廣告，這樣的選擇也許稱不上是出於自願。這種以當事人也許受到脅迫為由的反對意見，主張唯有在買賣的背景條件公平時，唯有在無人受到迫切的經濟必要性所脅迫時，市場關係才能被視為是自由的。

當今大多數的政治辯論都是用這些語彙在進行——在兩派人之間，一派偏好不受約束的市場，另一派則堅稱唯有在公平競爭的環境裡，唯有當社會合作的基本條件是公平的，市場選擇才是自由的。

然而，若要解釋當市場式思考和市場關係侵入每一種人類活動，這樣的世界何以令人不安，這兩派立場都無濟於事。**要描述此一情況令人不安之處，我們需要「腐化」和「墮落」這類道德語彙，而言及腐化和墮落，是訴諸於「美好生活」的概念，至少隱含著這樣的意思**。

想一想批評重商主義之人所使用的語彙：「貶低」「玷汙」「使粗糙」「汙染」，或失去了「神聖」，這些都是充滿精神性的語彙，指向生活與存在更崇高的方式。這無關脅迫與不公，而是關於某些特定態度、做法和財貨的墮落。基於道德而批評重商主義，是我所謂「為了其腐化而反對」的一個例子。

伴隨著命名權和廣告，這種腐化可以在兩個層面上發生。在某些情況下，將一種做法商業化的本身就使人墮落。例如，在前額上帶著企業贊助的刺青走來走去，此事貶低了當事人，即便此人是自由地選擇出售也一樣。

或者我們可以看看這個只能被稱為極端命名權的例子：二〇〇一年，一對夫妻即將生下一名男嬰，他們把兒子的名字放上eBay和雅虎網站拍賣，希望有一家企業買下命名權，同時提供這對慈愛的父母足夠的金錢作為報酬，讓他們能買一棟舒適的屋子和其餘設備來安頓添了人口的家庭。只不過，到最後沒有任何公司提供他們所要求的五十萬美元，於是他們放棄了這個念頭，以普通的方式替孩子命名。（他們叫他贊恩。）

你或許會主張，把孩子的命名權賣給企業是錯的，因為沒有經過孩子的同意。但是這並非此事該被反對的主要原因。畢竟，小孩子通常不會替自己取名字，大多數人的名字都是父母取的，而我們並不認為這是一種脅迫。一個由企業命名的孩子，脅迫問題出現的唯一理由是，一輩子帶著這樣一個名字（例如叫沃爾瑪．威爾森、百事可樂．彼得森、堅寶果汁．瓊斯）貶低了當事人——即便那個孩子自己同意這麼做，恐怕也一樣。

並非重商主義的所有例子都會導致腐化。有些是恰當的，像是長久以來就裝飾著球場計分板甚至外野圍牆的招牌。可是當企業贊助的俏皮話侵入了廣播間，隨著每一次更換投手或有球員滑上二壘就重申一次，這就是另一回事了。這更像是小說中的置入性行銷。如果你最近聽過電台或電視台的棒球賽轉播，你就會明白我的意思。由企業贊助的廣告詞，源源不絕地從播報員口中吐出，干擾了球賽，也破壞了球賽實況轉播原本可以有創意、有臨場感的敘述方式。

因此，若要決定廣告該出現在哪些地方、不該出現在哪些地方，我們不能只是討論所有權和公平性的問題，也得討論社會事務的意義何在，以及這些社會事務所牽涉的財貨。在每一種情況下我們都得問，將此社會事務商業化，是否會導致它的墮落。

還有一項考量：某些廣告本身並不會腐化，但仍然可能造成社會生活整體的商業化。就這一點而言，汙染的比喻很恰當。釋放二氧化碳這件事本身並沒有錯，畢竟我們每一次呼吸都會釋放二氧化碳。然而，釋放出過多的二氧化碳可能會破壞環境。同樣地，廣告擴展至新場域，這件事本身也許無可厚非，但若是變得普及，將可能產生一個由企業贊助和消費主義所支配的社會，在這個社會中，所有的東西都是由萬事達信用卡或麥當勞「為您贊助提供」，這也同樣是一種墮落。

回想一下那個不希望自己的蘋果被廣告貼紙「玷汙」的購物者。嚴格說來，這是一種誇張的修辭。一張貼紙並不會玷汙一粒水果（假定水果並未被碰傷），蘋果或香蕉的味道並未因此受到影響。長久以來，香蕉上面就有貼紙標示出進出口商的名稱，卻少有人抱怨。那麼，抱怨一張為電影或電視影集做宣傳的貼紙不是很奇怪嗎？不見得。那位購物者之所以反對，很可能不是針對這一粒蘋果上的這一個廣告，而是針對商業廣告侵入了日常生活這件事。被「玷汙」的不是那粒蘋果，而是我們所共同居住的世界，這個世界逐漸受到市場價值和商業考量的支配。

廣告的腐蝕效應在雜貨店的走道裡，並不像在公共廣場上那麼嚴重。命名權和企業贊助在公共廣場上漸漸普及起來，他們稱之為「市政行銷」（Municipal Marketing），這恐怕將把重商主義帶進市民生活的中心。過去二十年來，為了設法平衡收支，財務困窘的州政府與市政府，出售在公用長凳、公園、地鐵、學校和文化地標上刊登廣告的權利。

⊙市政行銷——政府開門做生意

此一趨勢開始於九〇年代，隨著球場命名權交易被證明能使大聯盟球隊的老闆獲利，政府官員也開始尋求願意贊助市政服務和設施的企業。

海灘救生隊和飲料專營權

一九九八年夏天，到紐澤西州「海邊高地」公共沙灘去消磨一天，就會發現舉目可見的沙灘上布滿了五千個「吉比花生醬」罐子的印痕。這是一種新近發明的機器的傑作，能夠把廣告印在沙地上。為了在沙灘上放置這些廣告，吉比花生醬付給該鎮一筆費用。

在美國的另一端，加州橘郡的海灘救生隊如今是由雪佛蘭汽車所贊助。在一筆二百五十萬美元的贊助交易中，通用汽車公司送給該郡救生隊四十二輛嶄新的小貨車和雪佛蘭四輪傳動車 Chevy Blazer，車體上有廣告聲稱這些車是「橘郡海灘海上安全官方車輛」。這項交易也讓雪佛蘭汽車有權使用海灘拍攝照片。福特汽車所生產的休旅小卡車 Ford Rangers 則是鄰郡洛杉磯郡的官方海灘車輛，那裡的救生員所穿的泳衣是由泳裝品牌 Speedo 所贊助。

一九九九年，可口可樂支付六百萬美元，以成為加州杭廷頓海灘的官方碳酸飲料。根據這項交易，可口可樂取得專營權，可以在該市的海灘、公園，以及市府所屬的建築物裡販賣汽水、果汁和瓶裝水，同時得以在廣告中使用杭廷頓海灘的「衝浪城市」標誌。

全美大約有十幾座城市與飲料公司達成了類似的交易。在聖地牙哥，百事可樂在一筆六百七十萬美元的交易中，贏得了在學校等場所獨家販售飲料的特許權。聖地牙哥市簽署了多項贊助合約，其中一項使電信業者 Verizon 成為該市「官方無線電信夥伴」，另一項則讓一家名為「心臟科學」的公司成為該市心臟電擊器的官方供應商。

前紐約市長彭博強烈支持市政行銷，在二〇〇三年任用了該市的第一位行銷長。他的第一個重要方案是跟「思樂寶飲料公司」達成一筆為時五年、價值一億六千六百萬美元的交易，給予該公司在該市公立學校販賣果汁和水的專營權，以及在六千座市府所屬建築中販賣茶、水、巧克力飲料的專營權。批評者認為綽號「大蘋果」（Big Apple）的紐約打算出賣自己，把自己變成「大思樂寶」（Big Snapple）。然而，市政行銷仍然成了一門快速成長的生意——從一九九四年的一千萬美元，增加至二〇〇二年的一億七千五百萬美元。

地鐵車站和自然步道

在某些公共設施上，命名權交易出現得比較慢。二〇〇一年，麻州灣區大眾運輸局試圖出售波士頓四座有歷史意義的地鐵車站命名權，但是沒有一家企業感興趣。不過，有一些城市最近成功地出售了地鐵站的命名權。二〇〇九年，紐約市都會運輸局把布魯克林一座古老而繁忙的地鐵車站的命名權賣給巴克萊銀行，代價四百萬美元，為期二十年。這家總部位於倫敦的銀行之所以想獲得此一車站的命名權，是因為從該車站可抵達一座也以「巴克萊銀行」命名的體育場。除了出售命名權，都會運輸局也積極出售車站內的廣告，把整條地鐵列車用廣告包覆起來，車站裡的圓柱、收票閘口和地板上也都貼滿廣告。紐約地鐵的廣告收益從一九九七年的三千八百萬美元增至二〇〇八年的一億二千五百萬美元。

二〇一〇年，費城運輸局把「裴提森車站」的重新命名權賣給了美國電話電信公司（AT&T），該車站原本是以十九世紀一位賓州州長來命名。這家電話公司付了三百四十萬美元給運輸局，另外也付給安排此一交易的廣告公司二百萬美元。這個被重新命名的「AT&T車站」是個備受矚目的地點，因為從該站可抵達費城幾支職業球隊比賽的運動場。順帶一提，那些運動場分別以銀行和金融服務公司來命名：「市民銀行球場」（棒球的費城人隊）、「富國銀行中心」（籃球的七六人隊和冰球的飛人隊），以及「林肯金融球場」（美式足球的老鷹隊）。市民諮詢委員會一名前委員反對出售該車站的命名權，他表示：「大眾運輸系統是一種公眾服務，車站名稱提供了與周圍街道或社區的重要連結。」可是一名運輸局官員答稱運輸局需要錢，出售該車站的命名權將「有助於替顧客和納稅人支付費用」。

有些州和城市替公立公園、步道和野地尋求企業贊助。二〇〇三年，麻州議會舉行投票，研議出售該州六百座公園、森林和休閒遊樂區命名權的可行性。《波士頓環球報》在社論中表示，作家梭羅的華騰湖也許會變成「沃爾瑪湖」。麻州並未進行該項計畫。然而，有好幾家知名的企業已達成了贊助交易，讓它們的品牌能在全美各地的州立公園裡亮相。

在維吉尼亞州和馬里蘭州的公立公園裡，步道標記上可以看見高級戶外休閒服飾製造商 The North Face 的商標。可口可樂贊助了一項在野火後重新造林的計畫，從而獲准在加州一座州立公園裡展示其商標。雀巢公司旗下的果汁品牌 Juicy Juice 出現在紐約好幾座州立公園的告示牌上，因為該公司在那幾座公園裡設置了遊戲場。其競爭對手 Odwalla 果汁公司則資助了一項植樹計畫，交換條件是在全國各地的州立公園裡打品牌知名度。二〇一〇年在洛杉磯，反對人士推翻了一項出售市立公園廣告權的嘗試，該宣傳活動打算把電影《瑜珈熊》的廣告張貼在公園裡的建築、野餐桌和垃圾桶上。

二〇一一年，佛羅里達州議會提出法案，將允許州政府出售該州所屬自然步道的命名權與廣告權。州政府維護自行車道、健行步道與泛舟水道等綠地設施的經費近年來遭到削減，一些州議員將廣告視為彌補預算短缺的一種辦法。一家名叫「政府解決方案集團」的公司充當仲介人，為州立公園與贊助廠商之間的交易牽線。該公司的執行長波耶（Shari Boyer）指出，州立公園是刊登廣告的理想地點。她說明州立公園的遊客是擁有高所得的「極佳消費者」，再加上公園的環境是個「非常安靜的行銷環境」，沒有太多使人分心的事物。「那是讓人們接收到訊息的極佳場所，他們的心情處於正適合的狀態。」

警車和消防栓

在二〇〇〇年代初期，許多缺錢的城鎮受到一項提議的誘惑，那個提議好得不像是真的。北卡羅萊納州一家公司願意提供裝備齊全的全新警車，包含閃光號誌和隔開前後座的鐵柵在內，每年只要一美元租金。這項提議附加了一個小條件：車體要貼滿廣告和商標，如同職業賽車一樣。

有些警察局和市府官員認為這些廣告只是小小的代價，否則每部警察巡邏車得花費二萬八千美元。二十八州裡有一百六十幾個市政當局簽署了這份交易。提供這些警車的「政府採購公司」和對此交易感興趣的城鎮簽下合約，再把這些廣告空間賣給當地和全國性的公司。該公司堅稱這些廣告會有好品味，不會接受酒類、香菸、槍械或賭場的廣告。該公司的網站上用一張照片為例來說明這個概念，那是一輛警車，麥當勞的金色拱門橫跨在車蓋上。這家公司的廣告客戶包括飲料商 Dr. Pepper、全美汽車零件協會、Tabasco 辣椒醬、美國郵政、美國陸軍，以及華孚蘭機油。該公司也計畫在銀行、有線電視公司、汽車經銷商、保全公司、電台和電視台中找到更多的廣告客戶。

貼滿廣告的警車即將出現，此一可能性引發了爭議。社論作者和一些執法人員反對這個主意，基於幾種理由。有些人擔心警察可能會偏袒警車贊助商，另一些人則認為由麥當勞、Dunkin' Donuts 甜甜圈⑥或當地五金行「為您贊助提供」的警局，有損執法者的尊嚴和權威。還有一些人主張此一計畫反映出政府本身的不足，也反映出公眾缺少資助必要服務的意願。專欄作家皮茲（Leonard Pitts, Jr.）寫道：「有些事情對於社會有秩序的運作是如此根本，與社會的尊嚴這麼密不可分，以致傳統上這些事情只能交付給那些由我們全體一起聘雇的人，他們的裝備也由我們全體來提供，為的是共同的公共利益。執法就是這樣的一種功能，至少過去是如此。」

捍衛這項交易的人，承認讓警察兜售商品的尷尬，但堅稱在財務困難的時期，公眾會寧願有貼著廣告的警車來為他們服務，勝過根本沒有警車。一位警察局長說：「看到一輛貼著廣告的警車沿街行駛，大家也許會笑，可是當那輛警車趕去處理一樁緊急事故，大家會很高興它趕到了現場。」阿馬哈市一位市議員說他起初不喜歡這個主意，但是被節省下來的經費給打動了。他還提供了一個比喻：「我們的運動場在圍牆和走道上都有廣告，市民大會堂也一樣。在警車上貼廣告也沒什麼兩樣，只要廣告有品味就好。」

事實顯示，球場命名權和企業贊助在道德上具有傳染性，或者至少具有暗示性。等到在警車上貼廣告引發爭議時，這些做法已經讓大眾在心態上準備好，考慮讓商業做法進一步侵犯市民生活。

不過，北卡羅萊納州那家公司最後一輛警車也沒提供。面對公眾的反對，包括一項勸阻全國廣告商家不要參與的運動，顯然使該公司放棄了，並在那之後關門大吉。然而，在警車上張貼廣告這個主意並未消失。在英國，由商業贊助的警車在九〇年代開始出現。在那之前，英國內政部發布了新的法規，准許警察局藉由廠商贊助來籌款，上限是年度預

⑥編注：二〇一九年已改為Dunkin'。

算的一%。一位警方官員說：「以前這是塊禁地。如今所有的東西都可以供人爭取。」一九九六年，哈洛斯百貨公司贈予倫敦志願警察一部巡邏車，上面以那家百貨公司所使用的獨特字體題著：「這部車是由哈洛斯贊助。」

警車上的廣告最終還是來到了美國，雖然不是像職業賽車上貼廣告的那種方式。二〇〇六年，在麻州的立特頓鎮，警察局採用了一輛巡邏車，上面有三個低調的廣告，替當地的多納藍連鎖超市宣傳。這幾張廣告看起來就像特大號的保險桿貼紙，出現在車身與兩個後輪的擋泥板上。那家超市付給該鎮每年一萬二千美元作為交換，足以支付租用一輛車的費用。

就我所知，沒有人試過要出售消防車上的廣告空間。不過，在二〇一〇年，肯德基炸雞與印第安納波里斯的消防局達成一樁贊助交易，來宣傳「火辣烤雞翅」這項新餐點的推出。此一交易包括和印第安納波里斯消防局合照，以及把肯德基炸雞的商標（包含已成該公司象徵的桑德斯上校人像）貼在幾座市立育樂中心的滅火器上。在印第安納州的另一個城鎮，為了一項類似的促銷活動，肯德基炸雞花錢買下把商標貼在消防栓上的權利。

監獄和學校

廣告也侵入了就政府權威與公共用途而言最為核心的兩個機構：監獄和學校。二〇一一年，紐約州水牛城的伊利郡看守所開始在一個高畫質電視螢幕上播放廣告，被告在收押之後不久就會看到那個螢幕。廣告廠商想要向這群觀眾推銷什麼呢？答案是：保釋公司[7]和辯護律師。這些廣告以每週四十美元賣出，需以一年為期，伴隨著所內規定與探訪時間等訊息一同播放。這些廣告也會出現在大廳的一個螢幕上，那是來探監的親友等待處。郡政府獲得廣告收入的三分之一，每年能為該郡的錢箱挹注八千至一萬五千美元。

廣告很快就銷售一空。狄納（Anthony N. Diina）是仲介這項交易的廣告公司負責人，他說明這種做法的賣點何在：「在看守所裡的人想要什麼呢？他們想要被釋放，而且他們不想被判罪。所以他們想要保釋公司，以及一位律師。」那些廣告跟那些觀眾是完美的組合。狄納對《水牛城新聞報》說：「你會想趁那些人做決定的時候向他們打廣告。這正是這種情況。這絕對是一群非聽不可的觀眾。」

「第一頻道」向另一類非聽不可的觀眾播放廣告訊息：在全國各地的教室裡，數百萬名青少年被要求觀看。這個長十二分鐘、由廣告商贊助的電視新聞節目，於一九八九年由企業家魏克禮（Chris Whittle）創設。魏克禮提供學校免費的電視機、錄影器材及衛星通

[7] 譯注：專門為犯罪嫌疑人提供財務擔保的行業。

訊線路，交換條件是校方同意每天播放該節目，並且要求學生觀看包括節目中所含的兩分鐘廣告。雖然紐約州禁止「第一頻道」在州內學校播放，但是大多數的州並未禁止。到了二〇〇〇年，有一萬二千所學校裡的八百萬名學生都觀看「第一頻道」。由於該節目能接觸到全美四成以上的青少年，因此得以向廣告廠商收取高價，大約每三十秒要價二十萬美元（可媲美電視台的廣告價格），這些廠商包括百事可樂、士力架巧克力、Clearasil 抗痘洗面乳、開特力運動飲料、銳步運動鞋、墨西哥速食店 Taco Bell，以及美國陸軍。

一九九四年，在一場討論青少年行銷的會議上，「第一頻道」一位高階主管說明該公司財務上的成功：「對廣告廠商而言，最大的賣點是我們強迫孩子觀看兩分鐘的廣告。廣告廠商得到了一群不能去洗手間的孩子。他們不能轉台，不會聽見媽媽在身後大吼不能玩任天堂，也不能戴耳機。」

一九九四年，魏克禮賣掉了「第一頻道」，並於二〇一二年在紐約開辦了一所營利的私立學校。「第一頻道」的勢力不再如過去般強大。二〇〇〇年代初期是該公司的全盛時期，在那之後它失去了大約三分之一的學校和許多廣告廠商。然而，它成功地打破了不讓廣告進入教室的禁忌。如今，公立學校裡充滿了廣告、企業贊助、置入性行銷，甚至是命名權。

商業氣息出現在教室裡，其實已不是什麼新鮮事。在二〇年代，「象牙肥皂」捐肥皂給學校舉辦肥皂雕刻比賽，而球賽計分板上出現企業商標、在高中畢業紀念冊上刊登廣告，也都是行之有年的做法。然而，企業介入學校的情形在九〇年代急遽增加。各公司贈送教師大量錄影帶、海報和教具，都是被設計來提升企業形象，將品牌名稱烙印在學童心裡，他們稱之為「企業贊助的教材」。學生可以從賀喜巧克力或麥當勞所提供的教材中，學習與營養有關的知識，或是從埃克森美孚石油所製作的錄影帶裡，學習阿拉斯加漏油事件所造成的影響。寶僑家品提供了一套環保教材，說明用過即丟的尿布為什麼對地球有好處。

二〇〇九年，全球最大的童書出版商「學術公司」（Scholastic）把有關能源工業的教材免費分送給六萬六千名四年級教師。該教材名為「能源的美國」，是由美國煤礦基金會所贊助。這個由產業所贊助的課程計畫，強調煤礦的好處，但對於採礦意外、有毒廢棄物、溫室氣體及其他對環境的影響則隻字未提。媒體報導了各方對這份片面教材的批評後，學術公司宣布將減少由企業贊助的出版品。

雖然不是所有由企業贊助的免費贈品都是別有居心暗藏著意識型態，但有些確實就只是在吹捧品牌。廣為人知的例子如，康寶湯品公司送出一套旨在教授科學方法的科學教具。使用一根漏杓（附在教具裡），可以向學生展示如何證明康寶出品的義大利麵醬汁比競爭對手樂谷牌（Ragú）的醬汁更濃。通用磨坊食品公司送給教師一套介紹火山的科學教材，名為「火山噴發：地球的奇蹟」。這套教材包含了該公司「噴發水果糖」的免費樣品，有軟軟的夾心，一咬下去就會「噴發」。教師手冊上建議讓學生咬下那些糖果，把食用效果拿來跟地熱的噴發比較。糖果製造商 Tootsie Roll 所提供的教材，展示三年級的學生如何可以藉由數該品牌的糖果來練習算術。至於作文練習，該教材建議學生訪問家中成員，談談他們對於該品牌糖果的回憶。

廣告在學校裡的急遽增加，反映出學童日漸提高的購買力，以及他們對於家庭開銷日漸增加的影響力。一九八三年，美國的企業花費了一億美元來向學童打廣告。到了二〇〇五年，他們花了一百六十八億美元。由於學童一天大部分的時間都待在學校，行銷人員想盡辦法要打進校園。在此同時，教育經費不足導致公立學校樂於歡迎廣告進入。

二〇〇一年，紐澤西州一所小學成為全美第一所將命名權出售給贊助廠商的公立學校。當地一家名為夏普瑞的超市捐贈了十萬美元，該校便把校內體育館改名為「布魯克隆市夏普瑞中心」。其他的命名權交易隨之而起。最有利可圖的是高中的美式足球場，價格從十萬至一百萬美元不等。二〇〇六年，費城一所新成立的公立中學把目標定得很高，該校公開列舉了可供出售的命名權：藝術表演台一百萬美元、體育館七十五萬美元、科學實驗室五萬美元，校名本身五百萬美元；微軟公司付了十萬美元來替該校的訪客中心命名。有些命名的機會則沒有這麼昂貴，如麻州紐伯里波特的一所中學，就願意以一萬美元出售校長辦公室的命名權。

許多學區在所有你想得到的地方，接受直接的廣告。二〇一一年，科羅拉多州的一個學區出售成績單上的廣告空間。幾年之前，佛羅里達州一所小學發出的成績單是夾在一個有麥當勞促銷廣告的封套裡，上有一幅麥當勞叔叔和金色拱門商標的漫畫。這個廣告其實是「成績單獎勵」促銷活動的一部分，各科成績都是A或B的學生，以及缺席次數少於三次的學生，都可以在麥當勞得到一份免費的快樂兒童餐。後來當地居民反對，這項促銷活動因此停辦。

到了二〇一一年，有七個州准許在校車的兩側刊登廣告。校車廣告在九〇年代於科羅拉多州開始出現，該州的學校也最早開始接受校內的廣告。在科羅拉多泉市，山露汽水的廣告裝飾著學校的走廊，漢堡王的廣告裝飾著校車的兩側。近年來，明尼蘇達州、賓州等地准許廣告商在學校的牆壁和地板上放置大量的「超平面風格」廣告，還貼在置物櫃、更衣室長凳和學生餐廳桌子的上方。

商業化在學校肆虐的情形，就兩方面而言具有腐化作用。首先，大多數由企業贊助的教材充滿偏見、扭曲和膚淺的內容。根據消費者聯盟所做的一項研究發現，廠商所贊助的教材中有將近八〇%都偏袒該贊助商的產品或觀點。這並不令人意外。可是即便贊助廠商所提供的教具品質精美又客觀，教室裡的商業廣告仍然是一股敗壞道德的勢力，因為它有違學校的目的。廣告鼓勵大家渴望物質、滿足欲望，而教育鼓勵大家以批判的態度來反省自己的欲望，並加以約束或昇華。廣告的目的在於招攬消費者，而公立學校的目的則在於培養公民。

當大部分的童年時光是在為消費者社會做基礎訓練的話，我們實在很難教導學生成為公民，有能力以批判的態度來思索身邊的世界。許多孩子像活動廣告看板一樣來到學校，身上淨是商標、標籤和正版球衣，在這樣一個時代，讓學校跟充滿消費主義特質的通俗文化保持距離，變得更加困難，也更加重要。

然而廣告厭惡距離。廣告模糊了各種場所之間的界線，把每一種環境都變成了銷售場所。一場關於校園廣告的行銷會議，在宣傳手冊上這麼宣稱：「在校門口發現你的滾滾財源！」「不管是在學習閱讀的一年級生，還是要選購第一部車的青少年，我們保證能在教室這個傳統的環境中，把你們的公司和產品介紹給這些學生！」

當行銷人員朝著學校大門蜂擁而來，經費短缺的學校受到景氣衰退、財產稅上限⑧、預算削減，以及註冊入學人數增加的衝擊，覺得除了讓廣告進入校園之外別無選擇。然而，錯不在學校，而在我們這些市民。我們沒有提高教育孩子所需的經費，反而選擇出售他們的時間、出租他們的心靈給漢堡王和山露汽水。

⊙當市場把人區隔開來

重商主義並未毀掉它所碰觸的一切。一具消防栓就算貼著肯德基炸雞的商標，還是能夠引水滅火。一部地鐵列車即使包覆著一部好萊塢電影的廣告，仍然能夠準時送你回家吃晚餐。學童能夠藉由數 Tootsie Roll 糖果來學習算術。在美國銀行球場、美國電話電信公司球場、林肯金融球場，球迷依舊會為主場球隊加油——就算沒有幾個人說得出這些地方是哪些球隊的主場場地。

儘管如此，**把企業商標烙印在事物上，改變了這些事物的意義**。市場會留下其印記。置入性行銷損害了書籍的完整，腐化了作者與讀者之間的關係；身體上的刺青廣告物化了那些為了錢而刺上廣告的人，也貶抑了他們；教室裡的廣告破壞了學校的教育目的。

我承認以上這些看法是有爭論空間的。對於書籍、身體和學校的意義，以及它們的價值該如何衡量，大家有不同的意見。事實上，對於市場所侵入的許多領域，不管是家庭生

⑧ 譯注：美國財產稅的稅收主要用於地方公立學校、警消部門、公園、圖書館等公共設施。為財產稅設定上限會影響學校的經費。

活、友誼、性、生育、健康、教育、大自然、藝術、公民權責、體育活動，還是我們對待死亡的方式，究竟什麼樣的規範方屬合宜，我們的看法也不一致。但我要指出的是：一旦我們看見市場和商業改變了它們所碰觸財貨的性質時，我們就得問：市場屬於哪些地方，以及不屬於哪些地方？而如果不去深究財貨的意義和目的，以及這些財貨該由哪些價值來支配，我們將無法回答這個問題。

這種深究無可避免地會觸及對美好生活的不同概念，這是我們有時候害怕踏進的地帶。由於害怕意見不同，我們不敢把自己的道德和精神信念帶到公共廣場上。然而，在這些問題前退縮並不會使這些問題懸而未決，而只是意味著市場將會替我們決定。這就是過去三十年來的教訓。市場至上的時代，正好和公眾論述大多缺少道德與精神內容的時代同時存在。要讓市場留在屬於市場的地方，我們唯一的希望是由公眾來公開探究各種財貨的意義，以及我們所看重社會事務的意義。

除了辯論這或那件財貨的意義，我們也需要問一個更大的問題，那就是我們希望活在什麼樣的社會裡。隨著命名權和市政行銷占有了公共的世界，它們減少了其公共特性。在對特定財貨造成的損害之外，重商主義也侵蝕了共同性。金錢能買的東西愈多，來自不同階層的人相遇的情況就愈少。當我們去觀賞一場棒球賽，抬頭望向那些空中包廂，或者也許是從空中包廂裡向下望，我們就是在目睹此一現象。從前在球場中，我們可以看到各個階層的人融合在一起，此一經驗的消失是一種損失，不僅是對那些向上望的人，對那些向下望的人也一樣。

類似的情形也已經在我們社會的各個角落發生。**在這個貧富益發不均的時代，把所有的東西都市場化，意味著富裕之人與收入不豐之人漸漸過著隔離開來的生活**。我們在不同的地方生活、工作、購物和遊玩。我們的孩子去上不同的學校。你可以說這是美國人生活的「空中包廂化」。這對民主而言並不是件好事，也不是一種令人滿意的生活方式。

民主並不需要完全的平等，卻需要國民能分享一種共同的生活，重要的是背景和社會地位不同的人能在日常生活中相遇、互相碰撞，因為這樣我們才能學習克服、容忍彼此的差異，才會在乎共同的利益。

因此，說到最後，市場的問題其實是關於「我們想要如何共同生活」的問題。我們想要一個一切都可待價而沽的社會嗎？抑或社會上還是有某些道德性與公民性的財貨，是市場不會尊崇，而且用金錢買不到的？

謝詞

這本書的開端要追溯到很久以前。我還在就讀大學的時候，就對經濟要素形塑規範的影響力深感興趣。一九八〇年，我開始在哈佛大學任教，不久之後，我就藉由向大學生及研究生講授有關市場與道德之間的關係來鑽研這個主題。這些年來，我在哈佛法學院為法學院的學生以及修習政治理論、哲學、經濟或歷史的博士生，開設「倫理學、經濟學與法律」這門課。這門課涵蓋了本書中大部分的主題，而我從修這門課的許多優秀學生那裡學到了很多。

我也獲益於與哈佛同事合授且主題與本書相關的課程。二〇〇五年春天，我和桑默斯教授合授了一門大學部的課程「全球化及其批評者」。該課程後來促成了一連串熱烈的辯論，探討把自由市場的信念應用於全球化，在道德、政治及經濟上的好處。其中有幾堂課，我的朋友佛里曼（Thomas Friedman）也加入了我們，他往往贊同桑默斯的論點。我很感謝他們，還有格雷沃（David Grewal），當時他是攻讀政治理論的研究生，如今則是耶魯法學院教授中的一位新星，他教導我經濟思維的歷史，幫助我準備，跟桑默斯和佛里曼進行知識論戰。

二〇〇八年春天，我和沈恩（Amartya Sen，著有《好思辯的印度人》，先覺出版）與范帕里斯（Philippe van Parijs）合授了一門研究所課程，名為「倫理學、經濟學與市場」，范帕里斯是位哲學家，從比利時天主教魯汶大學來哈佛擔任訪問學者。儘管我們對政治的看法大致相似，對市場的觀點卻相當分歧，而我從我們的討論中獲益良多。我和塔克教授（Richard Tuck）雖未合授課程，但多年來，我們常針對經濟學與政治理論討論，使我獲得許多啟發。

我在大學部講授的「正義」課程也讓我有機會來探討本書中的主題。我多次邀請在哈佛講授經濟學入門課程的曼丘教授來加入我們，討論市場推論與道德推論。我很感謝他，他在課堂上，對學生和我來說，凸顯了經濟學家和政治哲學家以不同的方式來思考社會、經濟及政治問題。有幾次，我的朋友波斯納法官（Richard Posner）也加入了那門課的辯論，談市場在道德上的限制。他是把經濟推論應用於法律上的先驅。幾年前，他邀請我加入他和貝克教授在芝加哥大學長期開設之「理性選擇」的其中一堂課。芝加哥大學是把經濟思維應用在一切事物上的起始地。對於把市場式思考視為人類行為的關鍵，他們的信心要比我來得大，對我而言，能在這樣一群聽眾面前檢驗我的論點是個難忘的機會。

本書中的論點最初成形於一九九八年，在牛津大學布雷齊諾斯學院的坦納人類價值講座（Tanner Lectures on Human Values）。紐約「卡內基社團法人」的「卡內基學者計畫」在二〇〇〇至二〇〇二年提供了獎助金，在我寫作本書初期提供了必要的支持。我深深感謝 Vartan Gregorian、Patricia Rosenfield 和 Heather McKay 的耐心、善意和堅定支持。

我也要感謝哈佛法學院的夏季教師研習會，會中我得以在一群激勵我的同事身上測試本書的部分內容。二〇〇九年，我受英國廣播公司之邀，擔任里斯講座（Reith Lectures）的講者。這項邀請給我帶來一項挑戰，我必須改用學院之外的聽眾能夠理解的語彙，來表達我對市場之道德限制的論點。該講座的大主題是「新公民」，但四場演講中有兩場是針對市場與道德。多謝了 Mark Thompson、Mark Damazer、Mohit Bakaya、Gwyneth Williams、Sue Lawley、Sue Ellis 和 Jim Frank，他們讓這次演講成為十分愉快的經驗。

這是 Farrar, Straus and Giroux 出版公司為我出版的第二本書，我要再次感謝 Jonathan Galassi 和他的傑出團隊，包括 Eric Chinski、Jeff Seroy、Katie Freeman、Ryan Chapman、Debra Helfand、Karen Maine、Cynthia Merman，尤其是優異的審稿編輯 Paul Elie。在這個市場壓力為出版業蒙上陰影的時代，該公司把出版書籍視為一種使命，而非一種商品。我的文學經紀人 Esther Newberg 也一樣。我深深感謝他們。

我最深的謝意要獻給我的家人。在晚餐桌上和家庭旅遊期間，每次我拋出有關市場之道德困境的新問題，我的兩個兒子亞當和亞倫隨時願意在經過道德思考後，做出機敏的回應，而我們總是等待我太太琪古來告訴我們誰是對的。我懷著愛意把此書獻給她。

Eurasian Publishing Group
圓神出版事業機構
用心與你對話．視野無限寬廣
先覺出版社
Prophet Press

http://www.booklife.com.tw reader@mail.eurasian.com.tw

人文思潮 145

錢買不到的東西：金錢與正義的攻防【暢銷十萬冊典藏版】

作　　者／邁可．桑德爾
譯　　者／吳四明、姬健梅
發 行 人／簡志忠
出 版 者／先覺出版股份有限公司
地　　址／台北市南京東路四段50號6樓之1
電　　話／(02) 2579-6600．2579-8800．2570-3939
傳　　真／(02) 2579-0338．2577-3220．2570-3636
郵撥帳號／ 19268298　先覺出版股份有限公司
總 編 輯／陳秋月
資深主編／李宛蓁
責任編輯／林亞萱
美術編輯／李家宜
行銷企畫／詹怡慧．黃惟儂
校　　對／蔡忠穎．林亞萱
印務統籌／高榮祥．劉鳳剛
監　　印／高榮祥
排　　版／莊寶鈴
經 銷 商／叩應股份有限公司
法律顧問／圓神出版事業機構法律顧問　蕭雄淋律師
印　　刷／祥峯印刷廠
第一版　2012年10月初版　計43刷
最新版　2020年9月初版
　　　　2023年3月4刷

WHAT MONEY CAN'T BUY: The Moral Limits of Markets
by Michael J. Sandel

Published by arrangement with International Creative Management, Inc.
through Bardon-Chinese Media Agency, Taiwan

定價 400 元　　ISBN 978-986-134-364-8　
　Printed in Taiwan

徹底思考市場的道德極限，會使我們更清楚了解：生活在這個每樣東西都待價而沽的社會中，我們所付出的代價是什麼。

——邁可．桑德爾，《錢買不到的東西》

國家圖書館出版品預行編目資料

錢買不到的東西：金錢與正義的攻防【暢銷十萬冊典藏版】
/ 邁可．桑德爾（Michael J. Sandel）著；吳四明，姬健梅譯. -- 二版. --
臺北市：先覺, 2020.9
280 面；14.8×20.8公分 --（人文思潮；145）
譯自：What money can't buy : the moral limits of markets

ISBN 978-986-134-364-8（平裝）
1. 職業倫理 2.資本主義 3.價值觀

198 109010368

訂製完美：基因工程時代的人性思辨

桑德爾爭議性最大、影響最深遠的一部作品！

當人人都能訂製完美，這將帶來個體的徹底解放，還是社會的無限混亂？

基因工程科技快速演進，滿足了人類「追求完美」的欲望，
貌似群體的狂歡，實則蘊藏著深切的危機。
當「人」能夠被完美訂製，當科技 步比道德的理解快速時，
我們將面臨怎樣的道德挑戰？又該如何解釋並化解心中的不安？
基因改良本是要來治療疾病，卻被人類用來追求完美特質，並成為一種愈演愈烈的趨勢：人人都能打造完美的自己。父母可以訂製子女的先天特質，修正後天智力或體能上的缺陷、運動員可以透過基因改造提升賽場表現、學生可以透過服用記憶藥片代替寒窗苦讀……

《訂製完美》將再次激發你的思辨力，帶你探索基因工程全面衝擊我們生活與價值觀的不安根源！